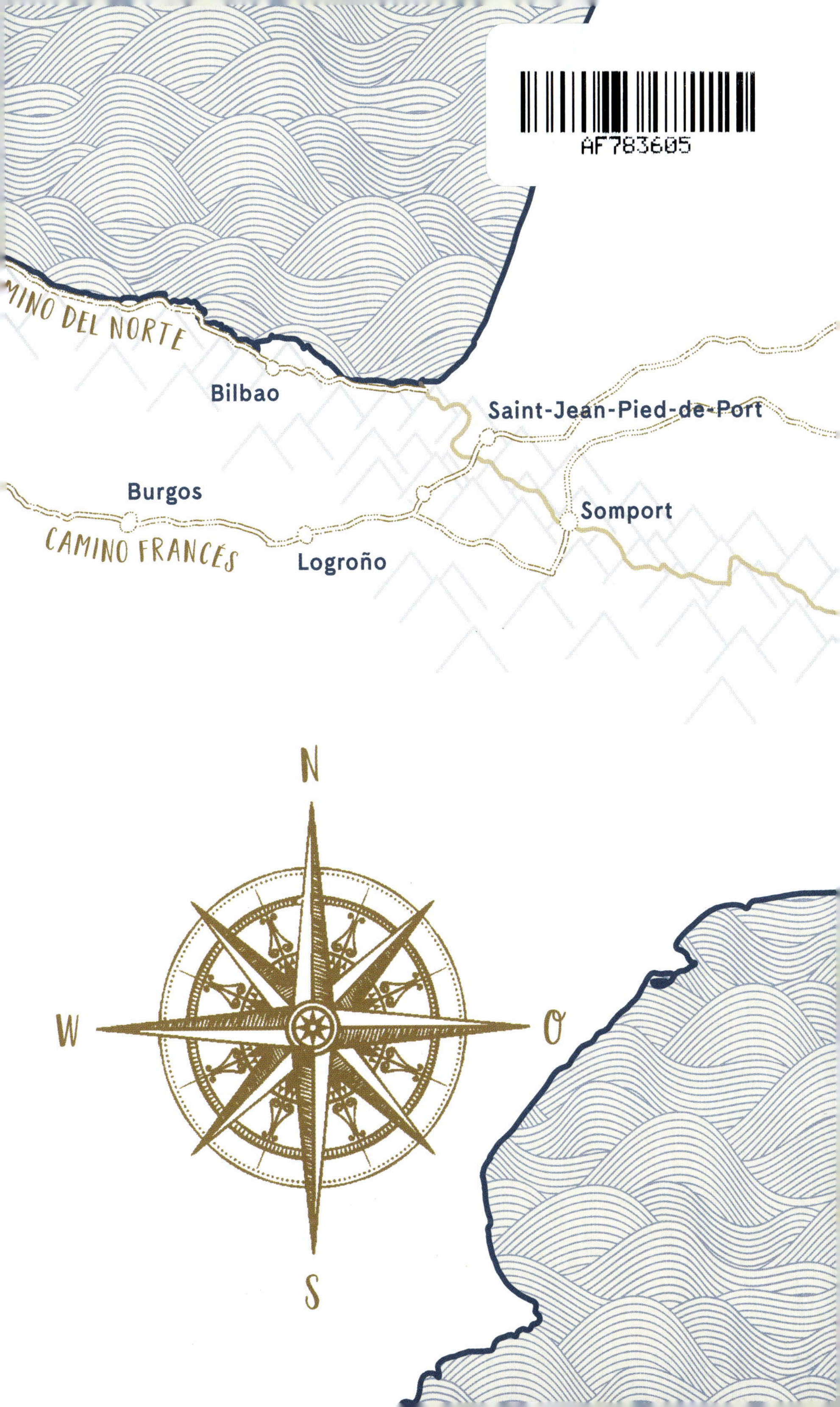

MINO DEL NORTE
Bilbao
Saint-Jean-Pied-de-Port
Burgos
Somport
CAMINO FRANCÉS
Logroño
N
W
O
S

JÖRG
STEINERT

PILGER WAHNSINN

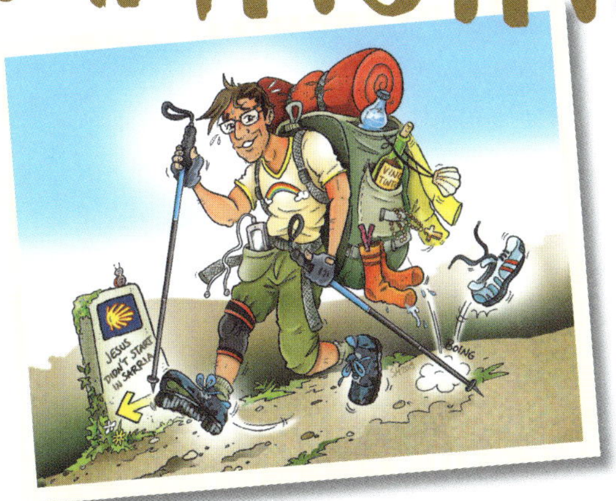

Warum der
JAKOBSWEG
süchtig macht

Notizen von unterwegs

Patmos Verlag

Für Anne und Stefan

FSC
www.fsc.org
MIX
Papier aus verantwortungsvollen Quellen
FSC® C014138

Product footprint
CO_2 Neutral
NC-CFM-015258
www.nepcon.net

Für die Verlagsgruppe Patmos ist Nachhaltigkeit ein wichtiger Maßstab ihres Handelns. Wir achten daher auf den Einsatz umweltschonender Ressourcen und Materialien.

Verlagsgruppe Patmos in der Schwabenverlag AG, Ostfildern
www.patmos.de

Gesamtgestaltung:
Finken & Bumiller, Stuttgart
Umschlagabbildung:
© Swen Marcel Frömbgen
Autorenfoto S. 231:
© Fabio Wasilewski
Druck: Finidr s. r. o., Český Těšín
Hergestellt in der Tschechischen Republik
ISBN 978-3-8436-1197-8
ISBN 978-3-8436-1289-0 (eBook)

INHALT

VIELE WEGE FÜHREN NACH SANTIAGO

Warum fühle ich mich ausgerechnet auf einem überlaufenen katholischen Pilgerweg so geborgen? Ich ostdeutscher Protestant und papstkritischer Geschäftsführer einer Lesben- und Schwulenorganisation. Ich, der Fremdsprachen nur schlecht beherrscht, seinen Feierabend am liebsten mit Netflix-Serien verbringt und sich vor Bettwanzen total ekelt.

Erstaunte Blicke sind mir nicht fremd, wenn ich von meinen zahlreichen Reisen auf dem Jakobsweg berichte. „Du bist den ganzen Weg gelaufen?“, lautet dabei die häufigste Frage. Nein, ich bin nicht zu Hause losgelaufen. Denn genau dort beginnt nämlich der Jakobsweg. Vor der eigenen Haustür.

Auch gibt es nicht den „einen“ Weg nach Santiago de Compostela, sondern eine Vielzahl an Möglichkeiten. Natürlich gibt es Haupttrassen, je näher man der sagenumwobenen Stadt im Nordwesten Spaniens kommt. Der bekannteste Hauptweg ist der *Camino Francés,* der an den Pyrenäen beginnt und dann 800 Kilometer durch verschiedene Regionen Spaniens führt.

Immer mehr Menschen aus der ganzen Welt pilgern wieder auf Jakobswegen nach Santiago zum

Grab des Apostels Jakobus. Im Jahr 1973 wurde die Ankunft von nur 37 Pilgern registriert. Im Jahr 2019 waren es über 340.000 Frauen, Männer und Kinder.

Der Jakobsweg gehört zu den großen Abenteuern unserer Zeit. Ungefährlich, aber aufregend. Anstrengend und zugleich genussvoll.

Der *Camino,* so nennt man den Jakobsweg in Spanien, macht süchtig. Aber was genau gibt einem der Weg, von dem alle reden? Der Weg, auf dem Menschen nach einer schweren Lebenskrise Kraft tanken. Der Weg, der ein willkommenes Kontrastprogramm zum beschleunigten Alltag darstellt.

Gemäß einem Sprichwort pilgert man nach Jerusalem, um Jesus zu finden, und nach Rom, um auf den Spuren von Petrus zu wandeln. Auf dem Weg nach Santiago findet man aber vor allem sich selbst.

Meine erste Pilgerreise war trotz eines holprigen Starts unbeschreiblich schön und fühlte sich wie das Paradies auf Erden an. Beim zweiten Mal ging sehr viel schief, die Voraussetzung für ein noch größeres Abenteuer. Jeder weitere Weg war anders und brachte mir jeweils nicht das, was ich suchte, sondern was ich brauchte. Egal wie groß die Frustrationsmomente zwischendurch auch waren, am Ende strahlten meine Augen vor Glück.

Zu Fuß in der Fremde unterwegs sein. Meist allein, aber nicht einsam. Das ist der Jakobsweg.

1
WIE ICH PILGER WURDE

Bonding statt Pilgern

„Das ist also der Jakobsweg?“, fragte ich mich. Da lag ich, auf dem Fußboden einer spanischen Ferienwohnung. Unter mir eine Frau, die weinte, weil ich sie an ihren Ex-Ehemann erinnerte. Das Ganze war Teil einer Übung namens Bonding. Warum hatte ich diese absurde Selbsterfahrungs-Reisegruppe gebucht? Warum wollte ich unbedingt auf den Jakobsweg? Wie konnte es so weit kommen, dass ich als schwuler Mann auf einer weinenden Frau liege?!

Ich war noch nie besonders sportlich, religiös oder spirituell. Und ich wollte bloß keine Veränderungen in meinem Leben. Alles wie gewohnt. Alles wie geplant. Abweichungen von meinen konkreten Erwartungen verursachten immer große Enttäuschungen. Vielleicht ist es bis heute deshalb ein so großes Abenteuer für mich, den Jakobsweg zu entdecken. Am Morgen weiß ich noch nicht mit Gewissheit, wo ich abends schlafen werde und wie weit mich meine Füße tragen.

Hätte jemand vor dem Jahr 2014 die Vermutung geäußert, dass ich mich auf den *Camino de Santiago,* also den Jakobsweg, einlasse, hätte ich sie oder ihn vermutlich für verrückt erklärt. Doch meine Studienfreundin Madeleine, die ich einige Jahre aus den Augen verloren hatte, erzählte mir im Oktober 2014 von ihrer Pilgerreise. Für mich war der Weg bis dahin nicht besonders reizvoll. Mich faszinierte jedoch, dass sich eine moderne Großstädterin, deren früherer Schulweg der Berliner Kurfürstendamm war, so offen darauf eingelassen hatte.

Einige Tage nach dem Gespräch mit Madeleine ging ich in eine Buchhandlung und musste feststellen, wie viele Bücher es über den Jakobsweg gibt. Ungeduldig griff ich mir schließlich das Buch mit dem schönsten Coverbild und kaufte es. Ein Buch über den *Camino del Norte,* der entlang der spanischen Atlantikküste verläuft.

Es schien wenig wahrscheinlich, dass mein damaliger Partner mich begleitet. Er war zwar fit und kulturell interessiert, aber er konnte sich nicht für das Wandern begeistern und unsere Beziehung stand sowieso kurz vor dem Aus. Also entschied ich mich, diese Reise unabhängig von ihm anzutreten.

Noch nie zuvor in meinem Leben hatte ich allein Urlaub gemacht, immer im Schlepptau von Familie, Freunden oder Partner. Von Rucksacktourismus ganz zu schweigen. Daher war ich ganz froh, als ich auf einer sehr ansprechenden Internetseite über den Jakobsweg ein Angebot für eine angeleitete Gruppenreise fand.

Eigentlich richtete sich die Reise an sehr junge Erwachsene, zu denen ich mit meinen 33 Jahren laut Reiseangebot nicht mehr gehörte. Trotzdem fragte ich beim Anbieter nach. Wir vereinbarten einen Telefontermin. Ich kam mir dabei vor wie bei einem

Bewerbungsgespräch. Aber entscheidend war das Ergebnis: Ich durfte mit.

Wenige Monate später, es war inzwischen Anfang April, saß ich auf dem Flughafen von Bilbao und wartete auf die anderen Mitreisenden. Ich war so erleichtert, als ich mitbekam, dass weder die Frauen noch die Männer der beworbenen Altersgruppe entsprachen. Mit Bus und Bahn ging es gemeinsam nach Irun, von dort zu Fuß ins bezaubernde Hondarribia. Unser Reisebegleiter machte einen etwas verwirrten Eindruck. Aber ich dachte mir nichts weiter dabei.

Wir hatten eine zentral gelegene Ferienwohnung, direkt im Ortskern. Doch erst einmal entbrannte eine Diskussion darüber, wer welches Bett bekommt. Ich war davon ausgegangen, dass jeder sein eigenes Zimmer hat. Fehlanzeige. Im Angebot waren Mehrbettzimmer und sogar ein Doppelbett. Ich nahm ein Kinderbett in einem Durchgangszimmer. Hauptsache allein. Und der Blick über die Bucht nach Frankreich war einfach großartig.

Am nächsten Morgen fanden wir uns in einem Stuhlkreis wieder und sprachen über Lebenskrisen. Mir schien das alles unangemessen intim. Aber ich wollte kein Spielverderber sein und machte mit. Mich selbst beschäftigte gerade das Ende meiner Beziehung.

Gegen Mittag wurden schließlich Körperübungen angekündigt. „Na endlich“, dachte ich mir und erwartete Wandervorbereitungen und hilfreiche Tipps. Stattdessen wurde uns Bonding vorgestellt. Von der Sexualpraktik Bondage hatte natürlich jeder von uns schon gehört. Aber Bonding?

Unser etwa 29-jähriger Reisebegleiter, ein kleiner muskulöser Mann, der nach Schweiß roch, erläuterte uns, dass wir Paare bilden müssten. Dann würde sich eine Person auf den Fußboden legen und die andere Person auf sie drauf. Während alle anderen schwiegen, verschränkte ich die Arme vor meinem Oberkörper und sagte etwas patzig: „Nein!“ Ich wollte das nicht machen. Alle anderen stimmten mir zu. Wir wurden um eine Pause gebeten.

Während der Pause entschieden sich alle um. Jetzt waren wir einmal hier, dann könnten wir uns auch auf die Übung einlassen. Eine sehr sympathische Frau, mit der ich mich von Anfang an gut verstand, fragte mich, ob wir die Übung zusammen machen würden. Ich war so erleichtert. Denn einige andere Mitreisende fand ich etwas bizarr. Da waren ein junger Mann, der sich an traumatisierende Erfahrungen als Säugling zu erinnern meinte, eine junge Frau, die vor allem verunsichert schien, und ein frommer Mann mittleren Alters mit Bibel und Gebetbüchern im Gepäck.

Bevor die Übung losging, vergewisserte ich mich, keine Schweißflecken unter den Armen zu haben. Schließlich hatte ich die ganze Zeit ein negatives Beispiel vor Augen. Ich erinnere mich nicht mehr an den Namen der netten Frau. Aber sie sollte zuerst unten liegen. Ganz vorsichtig legte ich mich auf sie. Eigentlich sollte die Übung der Entspannung dienen, aber ich war total angespannt, weil ich die zierliche Person unter mir nicht verletzen wollte. Und dann das. Sie fing an zu weinen. Hilflos wusste ich nicht, was ich tun sollte. Der Bonding-Guru kam zu uns, streichelte ihre Schulter und fragte sie, warum sie weinen müsse. Sie antwortete, dass ich sie an ihren Mann erinnern würde, den sie nach zwanzig Ehejahren erst kürzlich verlassen hatte.

Noch während wir dalagen, beschloss ich, dem Spuk ein Ende zu machen. Nicht sofort. Ja keine Szene machen. Aber meinen Urlaub wollte ich keinen weiteren Tag in dieser Gruppe mit diesen skurrilen Aktivitäten verbringen.

Es war etwa 5 Uhr morgens am nächsten Tag, als ich aufwachte. Es war dunkel und ruhig, ich konnte die Lichter in Frankreich sehen. Als Erstes musste ich feststellen, dass mein Gepäck nicht in meinen Rucksack passte, wenn ich auch Wasser und Essen mit mir führen wollte. Ich begann daher, einige mitgebrachte Kleidungsstücke zu entsorgen, auch wenn es mir widerstrebte. Ich konnte das unmöglich alles mit mir schleppen. Als ich die Tür der Ferienwohnung gegen 6 Uhr leise hinter mir schloss, wusste ich, dass es kein Zurück geben würde. Schließlich hatte ich keinen Schlüssel.

Das morgendliche Hondarribia glich einem Gemälde. Die Straßenlaternen dieses historischen Ortes leuchteten. Das nasse Kopfsteinpflaster reflektierte das warme Licht. Es war nur ein kurzer Stadtspaziergang. Am Rande des Ortes suchte ich mit Mühe die ersten gelben Pfeile, die den Weg nach Santiago weisen, und lief den Berg nach oben. Etwa zwei Stunden, bei Dunkelheit, Regen und ganz viel Matsch. Zum Glück hatte ich eine Stirnlampe dabei.

Es war ein beschwerlicher Weg. Und an der ersten Wegkreuzung, es wurde inzwischen heller, fragte ich mich, wohin ich laufen sollte. Den normalen Weg oder die schwere Variante, die bei schlechtem Wetter nicht empfohlen wird. Trotz starkem Regen entschied ich mich für die steile Variante. Ich kam mir vor wie ein großer Abenteurer. Und ein bisschen plagte mich auch ein schlechtes Gewissen, da ich der Pilgergruppe nicht mal eine Nachricht hinterlassen hatte. Was würden sie denken? Ich wollte natürlich auch nicht, dass sich irgendjemand Sorgen macht. Aber egal, der Weg war einfach zu mühsam, ich konnte mir darüber jetzt keine Gedanken machen.

Auf der Spitze des Berges kam ich gegen 8 Uhr morgens an. Durchgeschwitzt. Nass vom Regen. Schmutzig vom Schlamm. Aber auch ein fantastischer Ausblick auf Hondarribia, die baskische Perle in Spanien, sowie auf die französische Küste und den Atlantik. Ich griff zu meinem Mobiltelefon und rief meine Eltern an. Ich wollte mich mitteilen. Doch die Geschichte vom Bonding und der Flucht hätten einen zu besorgniserregenden Eindruck hinterlassen. Im Ergebnis brachte ich daher nur die Aussage heraus: „So schön habe ich es mir nicht vorgestellt. Es ist wunderschön."

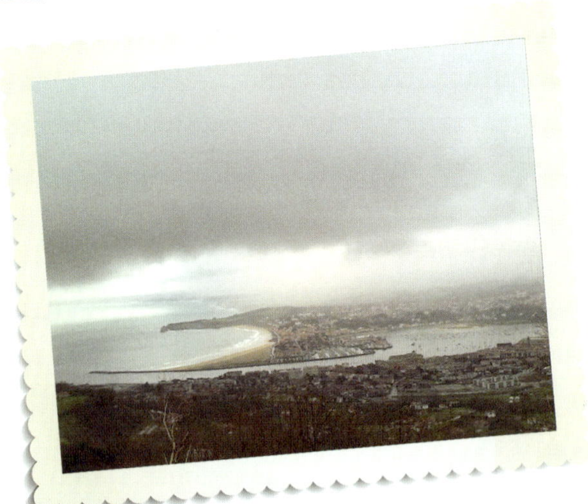

Sven, das war der Mann mit Bibel und Gebetbüchern, war inzwischen auch unterwegs. Er fragte mich per SMS ziemlich direkt, ob ich geflohen sei. Was ich nur bestätigen konnte. Auch er hatte die Schnauze voll und plante kein Wiedersehen mit der Gruppe in der nächsten Pilgerherberge.

Sowohl Sven als auch ich beschlossen, aus zwei Tagesetappen eine zu machen. Hauptsache Abstand zwischen uns und die Bonding-Gruppe bringen. Wir trafen uns am Abend in der Jugendherberge im schicken San Sebastián wieder. Und da gerade Ostern war, hatten wir großes Glück, die letzten Betten zu ergattern.

Sven und ich hatten nicht viel gemein. Er war Mitte 40, heterosexuell, sehr gläubig, ein gestandener sportlicher Typ und ein ziemlicher Macho. Aber die gemeinsame Flucht einte uns.

Anfängerglück

Eine wichtige Lektion hatte ich bereits gelernt. Du kannst Pech haben im Leben. Aber entscheidend ist, wie du damit umgehst. Natürlich ärgerte es mich, dass wir abgezockt worden waren. Aber während Sven darüber nachdachte, wie er sich das für die Gruppenreise gezahlte Geld zurückholen könnte, war ich vor allem froh darüber, dass ich mir keine weitere Lebenszeit rauben ließ.

Am nächsten Morgen liefen Sven und ich gemeinsam weiter. Auf dem Weg begegneten wir auch den ersten anderen Pilgerinnen und Pilgern, darunter Matis – ein Aussteiger aus München, der seinen Job und seine Wohnung gekündigt hatte. Der charmante Matis verdrehte Frauen wie Männern, auf ganz unterschiedliche Art und Weise, den Kopf. Als er jedoch von den Stimmen in seinem Kopf erzählte, ging ich sofort auf Distanz. „Nicht noch mehr wirres Zeug“, dachte ich mir. Sven störte sich weniger daran. Wer felsenfest an Gott glaubt, zweifelt vielleicht auch nicht an Stimmen im Kopf – so meine damalige These. Ich wollte damit aber nichts zu tun haben.

Inzwischen hatten sich Sven und ich auch ordnungsgemäß von unserer Reisegruppe abgemeldet. Da wir am Tag zuvor eine beachtliche Strecke zurückgelegt hatten, wollte Sven nur bis ins 14 Kilometer entfernte Orio laufen. Matis wollte auf jeden Fall weiter. Ich war noch unentschlossen. Aber auch ich machte wie Sven bei „Mama Camino“, so nennt man die Herbergsmutter Rosa, Halt. Die Herberge war eine frühere Garage, liebevoll hergerichtet. Wir wuschen unsere Wäsche mit der Hand, wrangen sie gemeinsam aus, beobachteten sie beim Trocknen im Wind und genossen die Frühlingssonne.

José, ein spanischer Pilger, wollte immer wieder mit uns ins Gespräch kommen. Da er aber kein Englisch sprach und wir kein Spanisch, war dies kaum möglich. Wir verstanden uns trotzdem gut. José faszinierte an mir, dass ich nach nur zwei Pilgertagen schon so viel Wäsche auf der Leine hatte – und überhaupt so viele Wechselkleidung mit mir führte.

Später am Nachmittag trafen Renate, Maria und Christine ein, drei deutsche Frauen. Sven musste jedem unsere Geschichte vom Bonding erzählen. Mir war das etwas peinlich. Zugleich war die Geschichte ein perfekter Eisbrecher. Es war mein erster richtiger Pilgertag. Laufen in Gesellschaft, eine gemütliche Pilgerherberge, gemeinsames Abendessen und pünktlich um 22 Uhr wurde das Licht im Schlafsaal ausgemacht.

Gruppenschlafsäle waren mir bis dahin immer ein Graus. Doch während wir dalagen, fühlte ich mich geborgen. Renate, eine evangelische Theologin mit tiefer Stimme, sagte auf einmal laut in den Saal hinein: „Jörg, was macht denn jetzt eure Bondage-Gruppe?!" Die Verwechslung zwischen Bondage und Bonding war gewollt. Alle mussten lachen. Wenige Minuten später ertönten die ersten Schnarchgeräusche.

Vorsorglich verabschiedeten sich Renate, Christine, Maria, Sven und ich am nächsten Morgen voneinander. Und auch wenn mir die anderen Pilger sympathisch waren, ich wollte mich an keine neue Gruppe binden und frei sein. Und es war wirklich herrlich, links die Berge, rechts das Meer und vor mir der hügelige Weg.

Allein zu pilgern bedeutete aber auch, auf sich und seine Gedanken zurückgeworfen zu sein. Und als ich zwischen zwei Orten entlang der viel befahrenen Küstenstraße lief, fand ich es nicht mehr so schön – ich fühlte mich fast ein bisschen einsam. Denn da war niemand, mit dem ich über diesen doofen Wegabschnitt lästern konnte. Und ich fragte mich auf einmal, was ich hier auf dem Jakobsweg überhaupt wollte. Ich wurde immer langsamer, unmotiviert schlurfte ich vor mich hin. Und genau in diesem Moment drehte sich ein vorbeieilender älterer Spanier um und wünschte mir einen „Buen Camino", also einen guten Weg, den man Pilgern für ihre lange Reise wünscht. Ich hatte diesen Gruß schon zuvor gehört. Aber dieses „Buen Camino" traf mich mitten ins Herz. Der Herr lächelte freundlich dabei und schon war er entschwunden. Ich musste mit den Tränen kämpfen. Wie konnte es sein, dass mir dieser Unbekannte ungefragt genau das gab, was ich brauchte: Aufmerksamkeit.

Am nächsten Ort war ich so froh, auf Sven zu stoßen, der ein Cerveza, ein spanisches Bier, genoss. Auch er freute sich sehr, mich zu sehen. Wir zogen zusammen weiter.

In den kommenden Tagen genoss ich es, einen Teil meiner Tagesetappe mit den anderen Pilgern zu verbringen und abends in derselben Herberge abzusteigen. Es war schön, sich über die Tageserlebnisse und was uns im Alltag bewegte auszutauschen. Wir genossen das gewachsene Miteinander. Es floss viel Rotwein. Und trotzdem waren wir am nächsten Tag wieder fit wie ein Turnschuh.

Ich konnte es morgens kaum erwarten, dass das erste Handy ertönte. Ich war meist schon eine Stunde früher wach, in freudiger Erwartung auf die nächste Tagesetappe. Eine Tour schöner als die

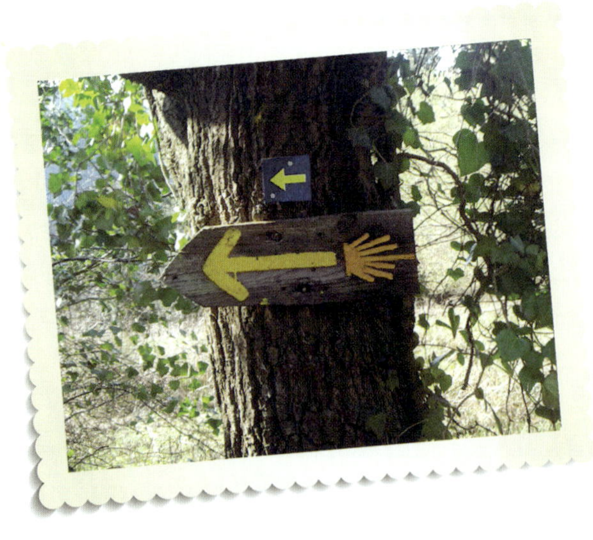

andere. Und dank der gelben Pfeile war es so gut wie unmöglich, den Weg zu verlieren.

Ich war der Einzige, der im Alltag keinen Sport trieb. Maria und Sven berichteten von ihren Marathonerfahrungen. Darüber konnte ich nur staunen. Trotzdem lief alles so gut. Keine Blasen an den Füßen. Und auch keine anderen körperlichen Beschwerden. Was für ein Anfängerglück.

Ungewohnt war es jedoch schon, kein eigenes Zimmer zu haben. Und als sich eines Nachmittags eine junge Pilgerin auffällig kratzte und lautstark fragte, ob das Flohbisse seien, regte sich ein Ekelgefühl in mir. So richtig verging mir dann die Abenteuerlust, als sich die gleiche Person für eine Unterhaltung auf mein Bett setzte. Ich hörte ihr kaum zu und sah stattdessen die imaginären Flöhe in meinen Schlafsack hüpfen.

Noch mehr vermisste ich ein eigenes Badezimmer. Ich fand es immer eklig, anderen Menschen beim Zähneputzen zuzusehen – selbst meinem eigenen Partner. Auch wollte ich selbst nicht dabei beobachtet werden. Mein Bedürfnis nach ausreichender Privatsphäre war groß. Doch aufgrund der wenigen Sanitäranlagen in den Pilgerherbergen blieb es nicht aus, dass wir zu dritt oder viert zusammen am Waschbecken standen. Ich versuchte die anderen zu ignorieren, was jedoch nicht möglich war, da uns Maria, die als zahnmedizinische Fachassistentin arbeitete, auf die jeweiligen Putztechniken ansprach.

„Du benutzt wohl auch keine Zahnseide? Wie meine Schwester Christine“, merkte Maria kritisch an. Obwohl es Maria gar nicht anklagend meinte und ich ebenso wie Christine in Gegenwart anderer nicht mit der Zahnseide rumspritzen wollte, fühlte ich mich in einer Rechtsfertigungsposition. Renate kam mir zur Hilfe: „Ich benutze auch keine Zahnseide." Worauf Maria nur antwortete: „Das habe ich mir schon gedacht." Mit dieser Bemerkung machte sich Maria bei Renate sehr unbeliebt. Noch am nächsten Tag regte sich Renate darüber auf. „Hat die etwa gemeint, ich habe schmutzige Zähne?", fragte sie mich. Aber Renate war sowieso eine recht impulsive Person, weshalb andere Gefühle diesen Vorfall schnell in Vergessenheit geraten ließen. Sven war ähnlich gestrickt. Gleichzeitig war ich für ihn „der beste Camino-Freund". Emotional überschwänglich äußerte er, dass er die Bonding-Übung am liebsten mit mir gemacht hätte. Ich hingegen hätte die Übung am liebsten gar nicht gemacht. Sven stimmte mir lachend zu.

Die 52-jährige Christine war ganz anders, zurückhaltend, gutmütig und fürsorglich. Die zweifache Mutter verstand sich mit jedem von uns gut. Sie war um das Wohlbefinden aller sehr bemüht. Und meine skeptischen Nachfragen zu katholischen Glaubenshandlungen wusste die gläubige Christine mit Empathie zu beantworten. Ihre nur wenige Jahre jüngere Schwester Maria präsentierte sich von einer besonders fröhlichen und unbeschwerten Seite, was ihrem herzlichen Charakter authentisch entsprach.

Wir waren ungleiche Freunde, die sich im Alltag nicht begegnet wären beziehungsweise sich gegenseitig nicht wahrgenommen hätten. Der Camino war der Kitt, der uns zusammenhielt.

Wir hatten ein perfektes Pilgerleben. Am Morgen standen wir um 7 Uhr auf, dann ein einfaches

Frühstück, etwa acht Stunden unterwegs, nach der Ankunft duschen und Wäsche waschen, ein üppiges Abendessen in der Gruppe und Schlafengehen um 22 Uhr. Das Leben als Pilger war einfach und auf das Wesentliche reduziert, aber befriedigend.

Die frühe Schlafenszeit empfand ich nicht als Bevormundung. Vielmehr als sinnvolle Regel. Und auch wenn es ungewohnt für mich war, mit so vielen Menschen in einem Gruppenschlafsaal die Nacht zu verbringen, schlief ich sehr gut. Sogar besser als in meiner Wohnung in Berlin, die sich in einem unruhigen Mietshaus befand.

Ich fühlte mich nach nur wenigen Tagen entspannt und frei. Niemandem gegenüber zu etwas verpflichtet. Und zugleich in guter Gesellschaft. Mit diesen mir bis dato fremden Menschen war alles so vertraut. Wir waren wie eine kleine Familie. Eine Trennung wäre jederzeit möglich gewesen. Aber niemand von uns wollte das.

Auch die Zweifel an meinem Job wurden geringer. Dieser war ein zusätzlicher Stressfaktor in meiner Beziehung gewesen, weil ich auch am Abend ständig von den täglichen Herausforderungen sprach. Die berufliche Situation von Renate war das genaue Gegenteil. Als studierte Theologin langweilte sie sich am Empfang eines Bürogebäudes. Und ich erkannte, wie dankbar ich für meine Arbeit sein konnte, die zwar stressig, aber auch befriedigend und sinnstiftend für mich war.

Unser Weg führte uns durch das im 20. Jahrhundert zerstörte Guernica. Das gleichnamige Kunstwerk von Pablo Picasso über die Grausamkeit des Krieges war mir durch den Schulunterricht bestens bekannt. Das Friedensmuseum im neu errichteten Ort rief sowohl Schrecken über die Vergangenheit als auch Dankbarkeit über den Frieden im heutigen Europa in mir hervor. Selten hatte mich ein Museumsbesuch so berührt. Kulturell abgerundet wurde unsere Reise schließlich im Guggenheim-Museum in Bilbao.

Nur Renate war es vergönnt weiterzulaufen. Für uns anderen war nach 150 Kilometern in Bilbao erst einmal Schluss. Vor unserem Abflug wollten wir aber richtig ins Nachtleben eintauchen. Statt Pilgermenü gab es Pintxos und Wein. Die spanienaffine Renate klärte uns darüber auf, dass man ein oder zwei kleine Happen isst, dazu ein Glas Wein, und dann in die nächste Bar weiterzieht. Da wir noch im Baskenland waren, sollten wir auf jeden Fall „Pintxos" sagen und nicht „Tapas", wie im restlichen Spanien. Nach der dritten Bar waren wir dann bettreif.

Entgegen der Vermutung, dass Pilger besonders diszipliniert sind, mischten wir das gesamte Hostel lautstark auf. Am nächsten Morgen zog Renate von Tür zu Tür und entschuldigte sich auf Spanisch bei den anderen Gästen sowie dem Betreiber. Wir anderen zeigten uns von unserer besonders leisen Seite. Marias bayerisches „Ja mei" beschrieb die Situation passend.

So viele Erlebnisse in einer Woche. Ich war in ein unbekanntes Abenteuer gestartet. Geflohen vor der Bonding-Gruppe. Meisterte 150 Kilometer ohne körperliche Beschwerden. Erlebte eine zauberhafte Landschaft. Genoss Kultur und Party mit neuen Freunden. Der Satz „So schön habe ich es mir nicht vorgestellt" hatte sich als berechtigte Aussage entpuppt. Auf dem Flughafen von Bilbao war ich erfüllt von den Erfahrungen der vergangenen Tage. Infiziert vom Pilgervirus kehrte ich in meinen Alltag nach Deutschland zurück.

2

AUF DEM KÜSTENWEG: ZWISCHEN BEGEISTERUNG UND ZWEIFEL

Überfüllte Herbergen

In Berlin schwärmte ich allen von meinen Erfahrungen auf dem Jakobsweg vor. Ich recherchierte die Gesamtlänge des *Camino del Norte*, der zum Großteil entlang der spanischen Atlantikküste verläuft. 150 Kilometer hatte ich schon geschafft. Es lagen also noch 680 Kilometer vor mir.

Im Juli des gleichen Jahres ging es weiter. In drei Wochen wollte ich von Bilbao nach Santiago laufen. So lange hatte ich noch nie Urlaub im Ausland gemacht.

Ich war voller Tatendrang, an meiner körperlichen Fitness hatte ich aufgrund der guten Erfahrungen im Baskenland keinen Zweifel. Und die Wunderwaffe Hirschtalg sollte meine beanspruchten Füße wieder vor Blasen schützen. Andere Verletzungen und Erkrankungen fürchtete ich nicht.

Ich ging von wenigen Menschen aus, da der Küstenweg aufgrund seines Schwierigkeitsgrades nur von etwa sechs Prozent der Pilger gelaufen wird. Zwar regnet es zwischen Atlantik und Bergen häufig, aber mit der richtigen Kleidung wäre das alles kein Problem. Sicherheitshalber hatte ich mir eine neue Wanderhose gekauft.

Zu meinem Glück war es sommerlich warm. Ich startete in Portugalete bei Bilbao, wo ich im Frühjahr meinen Weg vorerst beendet hatte. Die Herberge war ungewohnt voll. Sechs Prozent waren also gar nicht so wenige bei einer geringen Herbergsdichte. Aber ich bekam ein Bett. Es hatten sich schon erste Grüppchen gebildet. Ich blieb allein.

Am ersten Pilgertag lief ich 27 Kilometer, das waren acht Kilometer weniger als meine neue tägliche Durchschnittsdistanz. Meine Pilgerfreundinnen Christine und Maria, mit denen ich SMS schrieb, sahen meine ambitionierten Pläne kritisch, da wir im Baskenland täglich maximal 25 Kilometer gelaufen waren. Aber dort kennzeichneten auch anspruchsvolle Höhenprofile und ein matschiger Untergrund den Weg. Und ich wollte nun eine echte Herausforderung meistern.

Die Landschaft empfand ich als wunderschön. Selbst die Etappen entlang der Autobahn störten mich nicht.

Als ich am ersten Pilgertag sehr erschöpft in Castro Urdiales ankam, fing mein rechtes Bein im Bereich der Achillessehne an zu schmerzen. Auf dem letzten Kilometer forderte mich das Gehen sehr. Aber ich war mir sicher, am nächsten Morgen sei alles wieder gut.

Zunächst musste ich aber das spanische Wort „Completo“ lernen. Die Pilgerherberge war überfüllt, sogar alle Notschlafplätze waren vergeben. Ausgerechnet ich war der erste Pilger in der Schlange, der kein Bett bekam.

Hilfsbereit wurde mir eine private Unterkunft organisiert. Die älteren Leute vermieteten ihre Gästezimmer und Schlafplätze auf dem Sofa. Ich war stundenlang der einzige Pilger im Haus. Die Frau redete unentwegt auf mich ein. Ich musste ständig in meinem Mini-Wörterbuch blättern, um an der Konversation irgendwie teilhaben zu können.

Mein Magen knurrte vor Hunger. Die anderen Pilger, die inzwischen angekommen waren, vermittelten mir, dass ich mich daran gewöhnen müsse, dass das Abendessen erst sehr spät eingenommen wird.

Mit vollem Bauch ging es kurz nach 22 Uhr zu Bett. Die Nacht war die Hölle. Der nette spanische Pilger in meinem Doppelzimmer hörte sich wie eine Kettensäge an. Am Frühstückstisch sahen mich alle mitleidig an, weil sie das Schnarchorchester durch die Wände mitbekommen hatten.

Aber noch schlimmer war, dass sich die anfänglichen Schmerzen zu einer Achillessehnenentzündung entwickelt hatten.

Ich humpelte pflichtbewusst langsam los, gestützt auf meinen Wanderstock. Alle Pilger überholten mich. Ich hörte häufig ein freundliches „Buen Camino", ein Gespräch kam nicht zustande. Auch nicht mit der Anfang 20-jährigen Jessi und ihrem etwa zehn Jahre älteren Freund Nils aus Hamburg. Ich hatte sie schon am Flughafen in Berlin an ihrem gelben Buch als Pilger identifiziert. Das Paar machte einen netten Eindruck, sie wirkten zugleich etwas distanziert. In einem sportlichen Stechschritt zogen sie an mir vorbei.

Wie sollte ich humpelnd 35 Kilometer zurücklegen? Was war denn auf einmal los? Aber ich hatte einen strikten Plan, daher zeigte ich Biss. Und es ging weiter voran, wenn auch nur langsam.

Während alle anderen Pilger einen langen Strandabschnitt genossen, war ich vom mühsamen Laufen auf dem Sand genervt. Ich hielt immer wieder an. Weniger wegen des wunderschönen Ausblicks, sondern wegen der Schmerzen.

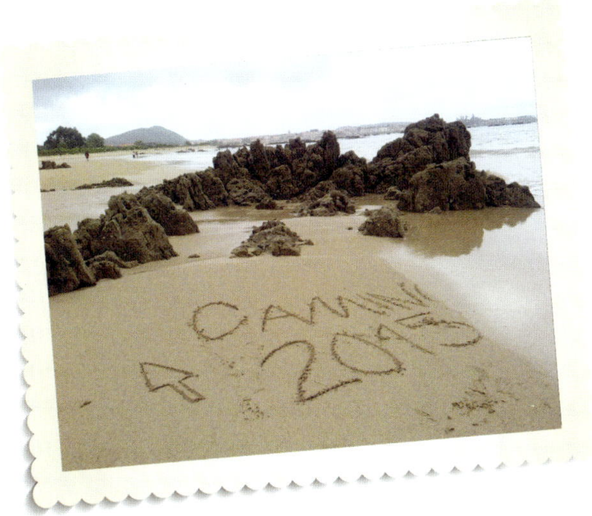

Die erste Cafeteria war die meine. Hier konnte ich einen Café con leche genießen. In Deutschland trank ich bis dahin nie Kaffee, aber in Spanien lechzte mein Körper danach. Und da kam er: ein sportlicher Mann um die 35 Jahre, der eine halbvolle Flasche Wein mit sich durch die Gegend trug. Ich hatte bis dahin meist Pilger kennengelernt, die sogar die Wäscheklammern vor der Pilgerreise abwogen oder in der Lage waren, sich auf das wirklich Notwendigste zu reduzieren. Und jetzt war da dieser Typ, der Wein mit sich herumschleppte, in einer schweren Glasflasche. Ohne mit ihm zu sprechen, mochte ich ihn. Eine halbe Stunde später hörte ich Schritte hinter mir. Es war Mr. Weinflasche. Er hatte in einem anderen Restaurant Halt gemacht. Auch er war allein unterwegs und hatte bislang ebenso keinen Anschluss gefunden. Ihn faszinierte an mir, dass ich humpelnd unterwegs war.

Der junge Papa lebte getrennt von seinem Kind und seiner Ex-Partnerin. Sein Motiv für den Jakobsweg lag daher auf der Hand. Ich hatte schon viel davon gehört, dass Menschen nach dem Tod eines nahestehenden Menschen, kurz nach dem Ende einer Beziehung oder zum Stressabbau auf den Jakobsweg gehen. Bei mir war es die Mischung aus allem, vielleicht auch etwas Abenteuerlust.

In den nächsten Tagen kreuzten sich meine Wege immer wieder mit Jessi und Nils. Irgendwie gelang es mir, die gleichen Tagesetappen wie sie zu schaffen. Jessi brauchte nicht lange, um festzustellen, dass Mr. Weinflasche sein Leid in Alkohol ertränkte. Beliebt machte er sich damit bei dem norddeutschen Paar nicht, das weitestgehend auf Alkohol verzichtete.

Ich beteiligte mich weder an der abendlichen Kneipentour von Mr. Weinflasche noch wollte ich in den Chor der Enthaltsamkeit einstimmen. Ich erfreute mich wie die meisten Pilger jeden Abend an einer halbe Flasche Wein, die es zum 3-Gänge-Pilgermenü für insgesamt nur zehn Euro gab.

Nicht nur das Essen und Trinken war verdammt günstig. Auch die Unterkünfte. Da ich aufgrund meines langsamen Tempos in den Pilgerherbergen jedoch häufig keinen Platz mehr bekam, musste ich auf Pensionen und Hotels ausweichen. Der Vorteil war, dass ich hier besser schlief. Der Nachteil lag in den höheren Kosten. Auch wenn 30 Euro nicht viel waren für eine Nacht, so waren es doch erheblich mehr als sechs Euro. Einige deutsche Abiturienten übernachteten daher notgedrungen im Freien. Das kam für mich nicht infrage.

Es lief irgendwie alles anders als erwartet. Die Verstöße gegen die mir bekannten Pilgerregeln störten mich besonders. Warum hielten sich die Mitpilger im Sommer nicht an die Nachtruhe im Schlafsaal ab 22 Uhr? Da waren die partywütigen Studenten und Schüler. Und dann war da auch noch Jesus. Er hieß nicht wirklich so. Aber der etwa 40-Jährige verglich sein Leid mit dem von Jesus Christus. Die jüngeren Pilgerinnen nahmen ihn offenbar auch noch ernst. Ich war von dem Gejammer nur genervt.

Jesus war ein lieber Kerl, aber auch ein ungepflegter Schmarotzer. Er wollte alles umsonst. Selbstbewusst hatte er sich ohne jegliches Geld auf den Weg begeben. Sosehr er für sich in Anspruch nahm, keinen finanziellen Beitrag zum Schlafplatz und zum gemeinsamen Essen zu leisten, so sehr interessierte er sich auch nicht für die Regeln. Das genaue Kontrastprogramm zu mir. Und nun standen unsere Betten auch noch nebeneinander.

Die übelriechenden Wanderschuhe durften nicht mit in den Schlafsaal genommen werden. Sie standen im überdachten Außenbereich zum Auslüften. Kurz vor 23 Uhr und nach vielen Diskussionen sollte nun endlich das Licht im Schlafsaal ausgemacht werden. Jesus kam kurz zuvor herein und zehn Sekunden vor der kompletten Dunkelheit im Saal zog er seine Wanderschuhe direkt neben meinem Kopfende aus und stellte sie auf den Boden. Es roch bestialisch. Ich hätte die Schuhe gerne beiseitegeschoben. Aber ich ekelte mich davor, womöglich versehentlich in die schweißgetränkten Latschen zu fassen. Daher drehte ich mich angewidert in die andere Richtung, im Nacken die unmenschliche Duftwolke von Jesus. Mir blieb hier wirklich nichts erspart.

Zumindest die Sonne lachte mich jeden Tag an. Am Surferstrand etwa zwei Kilometer vor Santander genossen die anderen Pilger mal wieder einen schönen Wegabschnitt direkt am Meer. Mich schmerzte hingegen immer noch jeder Schritt im Sand, und ich sehnte mich nach der Fähre, die wohl bald kommen würde. Eine junge Surferin lief auf mich zu. Sie wollte wissen, ob ich ein Jakobspilger sei. Ich bestätigte dies. Sie strahlte über das ganze Gesicht und berichtete, dass sie den Weg im Vorjahr gelaufen sei und dass dies ihr Leben verändert hätte. Ihre Offenheit beeindruckte mich sehr. Bis eben war ich noch auf meine Schmerzen konzentriert. Jetzt fragte ich mich, ob der Camino auch mein Leben verändern würde.

Natürlich kam ich auch mit anderen Pilgern ins Gespräch. Aber es waren immer die gleichen oberflächlichen Fragen, die einander gestellt wurden. Woher kommst du? Wohin gehst du? Was machst du?

Die Frage nach dem Woher bezog sich auf die eigene Herkunft. Dies umfasste meist den aktuellen Wohnort. Deutschland galt als nichts Besonderes. Aber Berlin fanden alle cool.

Das Woher bezog sich aber auch auf den Start der eigenen Pilgerreise. Die Pilger waren an ganz unterschiedlichen Orten gestartet. Und auch nicht jeder Pilger brachte die Zeit und die Kraft auf, bis Santiago zu laufen.

Auf die Frage nach meinem Beruf hatte ich keine Lust. Schließlich war die katholische Kirche noch nie für ihre Toleranz gegenüber Homosexuellen bekannt. Und es war nun mal ein katholischer Weg. Doch die Reaktionen waren durchgängig sehr positiv. Zugleich redete ich in meinem Urlaub nun über die Arbeit.

Aber ich hatte hier weiß Gott andere Sorgen. Viele Stunden am Tag konnte ich in der wunderschönen Natur allein laufen, in Ruhe meinen Gedanken freien Lauf lassen. Doch spätestens am Nachmittag, wenn es um die Herbergssuche ging, trat der Bettenmangel wieder offen zutage.

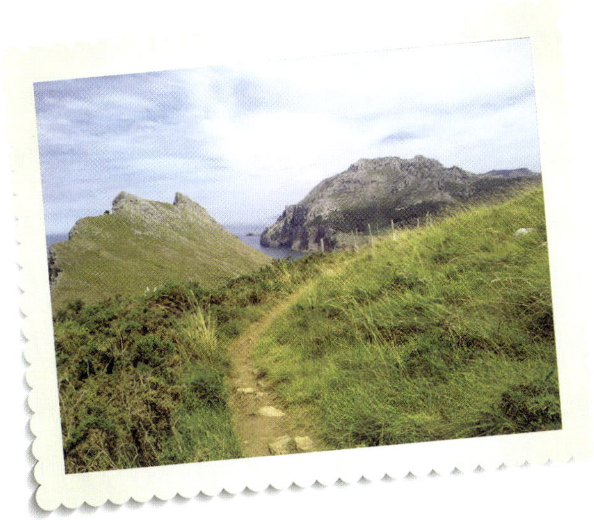

Zum Glück ging es mir dank einem Tape am Bein inzwischen gesundheitlich wieder etwas besser. Ich kam zunehmend schneller voran. Dass ich in den Herbergen häufig trotzdem keinen Platz mehr bekam, frustrierte mich, zumal die Bettenvergabe alles andere als fair lief. Da war zum Beispiel der Chinese Lee. Er war perfekt gestylt, sogar der Kaffeebecher aus Metall, der am Rucksack baumelte, schrie nach

Lagerfeuerstimmung. Doch Lee war kein Abenteurer, er war vielmehr ein Busreisender. Er war ein sehr freundlicher Mann. Seine Feststellung „Oh, du bist heute wirklich wieder die gesamte Strecke gelaufen“ war sicher als Lob gemeint, aber ich empfand sie als Provokation. Lee war nicht der einzige Pilger, der sich das Leben mit motorisierter Hilfe leichter machte.

Da mich Jessi und Nils nur humpelnd kannten und ich auf einmal immer eher als sie am jeweiligen Tagesziel ankam, vermuteten sie, dass auch ich zu den Busreisenden gehören würde. Aber in Wahrheit folgte ich einer harten Routine mit frühem Aufstehen und wenigen Pausen.

Jessi und Nils hatten zwar sechs Wochen Zeit, aber aufgrund der überfüllten Herbergen mussten auch sie sehr lange Tagesetappen auf sich nehmen. Ich freute mich, die vertrauten Gesichter immer wiederzusehen. Und bei jeder Begegnung berichtete ich über andere Beschwerden. Sie witzelten, welche neue Verletzung oder Erkrankung ich mir als Nächstes zuziehen würde. Nach der Achillessehnenentzündung folgte eine Magendarmerkrankung, ein Wespenstich am Po, Schürfwunden durch einen Sturz in einen Graben, ich ließ fast nichts aus. Und trotzdem wirkte ich unbekümmert, unbeschwert und optimistisch. Ich litt jedoch, anders als mein Lächeln vermuten ließ, sehr unter dem Stress und den Strapazen. Und mein Galgenhumor half langsam auch nicht mehr weiter.

Die einzigen Belohnungen, die ich mir gönnte, waren das reichhaltige Pilgermenü am Abend, guter spanischer Wein und das Dessert Flan, die spanische Variante von Karamellpudding. Ansonsten war mein

Tag darauf ausgerichtet, mit schwerem Rucksack auf den Schultern 35 Kilometer in hügeligem Gelände zu meistern und einen überdachten Schlafplatz zu finden.

Auch gab es trotz der vielen Pilger kaum ein geselliges Miteinander, so wie ich es beim ersten Mal erlebt hatte. Die meisten waren irgendwie für sich. Man kannte sich, aber ich fühlte mich nicht wirklich verbunden. Jessi und Nils ließen mich nur langsam an sich heran.

Zumindest die nahende Regenfront wurde ein interessantes Gesprächsthema. Während bei den anderen Pilgern Panik ausbrach, nahm ich es gelassen. Mit meinem lieb gewonnenen Regenponcho und der neuen Wanderhose war ich bestens auf das schlechte Wetter vorbereitet. Ich freute mich sogar ein bisschen darauf.

Es dauerte nur wenige Minuten im Regen und ich musste feststellen, dass meine neue Hose nicht wasserdicht war, sondern sich wie ein Schwamm vollsaugte. Der nasse Stoff klebte sehr unangenehm an der Haut. Ansonsten hatte ich nur kurze Hosen und eine Wanderleggins dabei. So oder so würde das Wasser von oben in die Wanderstiefel laufen. Und das nicht nur für ein paar Stunden, auch nicht für einen Tag, sondern für vier Tage am Stück. Mir war inzwischen alles egal.

Nach dem ersten Regentag waren nicht nur meine Füße kalt und nass, sondern fast der gesamte Inhalt meines Rucksackes war feucht. In meinem Pilgerbuch stand, dass man die Kleidungsstücke in Stoffbeutel packen solle, weil durch das Geraschel von Plastiktüten andere Pilger im Schlafsaal gestört werden.

Na toll, Stoffbeutel waren vielleicht nicht geräuschintensiv, aber sie saugten sich voll Wasser. Wie war überhaupt Wasser in den Rucksack gekommen? Ein Reißverschluss war einen Spalt offen. Und ich wusste bis dahin nicht, dass man den Poncho auch über den Rucksack stülpt und nicht wie eine Regenjacke nur am eignen Leib trägt. Es war zum Heulen. Sogar mein Schlafsack war nass. Keine einzige trockene Hose. Nur noch ein T-Shirt, meine Badehose und ein Paar Wechselschuhe waren trocken.

Mein Blick beim Laufen war in den kommenden Tagen nur noch zu Boden gerichtet. Mein Regenschutz hielt bis zum Knie. Ab dort floss mir das kalte Wasser die Beine herunter. Die Kälte stieg in mir auf. Ab und zu zog ich mich unter dem Vordach einer Garage oder im Häuschen einer Bushaltestelle um, damit ich zumindest für ein paar Minuten den Eindruck von Trockenheit und Wärme hatte. Ein Kirchenbesuch zum Innehalten und Ausruhen war mir nicht gegönnt. Alle Kirchen auf dem Weg waren abgeschlossen. Restaurants und Bars gab es auf diesem Wegabschnitt nur sehr wenige.

Ich war abends dankbar für jede Herberge. Hauptsache ein trockenes Bett. Na ja, *fast* jede Herberge. In der angeblich urigen und stimmungsvollen Herberge in San Vicente de la Barquera war es schmutzig, die Matratzen waren durchgelegen und im Badezimmer fiel ständig der Türknauf ab. Als ich nachts aufwachte, musste ich aufgrund einer verkühlten Blase so dringend auf Toilette, dass ich versehentlich keine Schuhe anzog und stattdessen barfuß schlaftrunken zum Badezimmer lief. Auf meinem Rückweg spürte ich den klebrigen Untergrund und den körnigen

Schmutz, der sich auf meiner gesamten Fußfläche festsetzte. Ausgerechnet jetzt konnte ich mich nicht erinnern, welcher mein Schlafsaal war. Also ging ich in irgendeinen Schlafsaal hinein und gleich wieder heraus. Und in den nächsten hinein. Es war so dunkel. Wo verdammt nochmal war mein Bett? Ich stand etwa drei Minuten vor einer Schlafstelle, unsicher, ob darin jemand liegen würde. Doch Stück für Stück gewöhnten sich meine Augen wieder an die Dunkelheit, und ich tastete mich vorsichtig heran. Es war zum Glück mein Bett, in dem ich aber nicht mehr lange verbringen wollte, weil es so extrem unbequem war.

Um 5 Uhr stand ich schon wieder auf und tippte Mr. Weinflasche, der im Doppelstockbett über mir lag, an die Schulter. Ich fragte ihn flüsternd, ob er mit mir aufbrechen wolle, da es hier so furchtbar sei. Als er erfuhr, wie spät es war, antwortete er aber nur etwas empört „Nein" und drehte sich um. Also zog ich trotz strömendem Regen allein los.

Die ersten Sonnenstrahlen durfte ich erst am nächsten Tag genießen. Sie waren eine Wohltat. Entspannung setzte aber nicht ein, da ich immer noch einen straffen Zeitplan im Nacken hatte.

Eines Abends fragte mich jemand in der Herberge, wohin ich morgen gehen würde. Ich bezog diese Frage zunächst auf die Distanz. Das war aber nicht gemeint. Es ging auch um keine hübsche Tagesalternative. Es ging um einen anderen Weg. Ein anderer Weg? Ich wollte Richtung Santiago und nicht auf irgendeinem anderen Weg weiterlaufen. Aber auch darum ging es nicht, sondern darum, ob ich dem *Camino del Norte* weiter folgen würde oder die Pilgerschaft auf dem *Primitivo* fortsetzen wolle. Von diesem Weg hatte ich noch nie etwas gehört, daher war das keine ernsthafte Option für mich.

Am nächsten Tag, mitten in einem kleinen Dorf gabelte sich auf der Hauptstraße tatsächlich der Weg. Große Pfeile wiesen nach links, auf den *Primitivo*, der vom Meer wegführte. Geradeaus ging es weiter auf dem *Norte*. Mein Weg stand fest. Mein Buch gab nur Auskunft über Strecke und Unterkünfte des Küstenweges. Und trotz allem Stress wollte ich auch nicht vorzeitig das Meer verlassen.

Etwa 25 Kilometer vor Gijón hatte ich an diesem Tag entschieden, meine erste 40-Kilometer-Strecke zu laufen, um die in den Anfangswochen zu wenig gelaufenen Kilometer aufzuholen. Dadurch ließ ich auch die junge Jessi und den sportlichen Nils hinter mir, die meinten, jetzt sei ich total verrückt geworden.

Mein Schritttempo war in den kommenden Tagen nicht mehr das Problem. Nicht mal das hässliche Industriegebiet zwischen Gijón und Avilés konnte meine Motivation mildern. Aber das Laufen auf dem Seitenstreifen einer viel befahrenen Straße zehrte an meinen Nerven. Die vorbeirauschenden Lkws machten mir Angst. Ich klammerte mich immer wieder an die Leitplanke, um nicht im Sog des Fahrtwindes mitgerissen zu werden. Das war kein entspanntes Pilgern, sondern Überlebenstraining.

In Kantabrien und Asturien setzten mir zunehmend die viel befahrene Küstenstraße und die häufigen Asphaltstrecken zu. Die Aussicht war zugleich immer wieder überwältigend. Wunderschöne Strände und hohe Wellen lockten vor allem Surfer, da es zum Baden zu kalt und aufgrund der Strömung teilweise gefährlich war. Die Naturgewalten des Ozeans waren beeindruckend.

—

Als sich die Entdeckung des Grabes von Jakobus vor 1.200 Jahren über Europa verbreitete, war der Großteil der Iberischen Halbinsel von Muslimen besetzt. Daher waren die Pilger gezwungen, den anstrengenden Weg entlang der Nordküste zu nehmen. Als es infolge der christlichen Rückeroberung einfachere Wegmöglichkeiten gab, verlor dieser Streckenverlauf an Bedeutung. Aufgrund des Pilgerbooms der vergangenen 40 Jahre wurde der Küstenweg Stück für Stück wieder beliebter.

—

Ich hatte immer nur die Zahl sechs Prozent im Kopf. Und den täglichen Bettenmangel vor Augen. Wie mag es dann auf dem Hauptweg, dem *Camino Francés,* den 60 Prozent der Pilger laufen, wohl sein? Dass dieser in etwa 100 Kilometer Entfernung parallel verlaufende Weg sich aber mit seiner Infrastruktur entsprechend darauf eingestellt hatte, während der Küstenweg bezüglich der Herbergsdichte noch in einen Dornröschenschlaf versetzt war, wusste ich nicht. Wie ich später erfuhr, wechselten einige Pilger daher zum populären Inlandsweg.

Ich blieb dem *Norte* treu und nutzte die verschiedenen kleinen Wegführungen entlang der Küste, um ein Maximum an Naturerlebnissen zu genießen. Auch wenn Genuss angesichts meines sportlichen Zeitplans wohl die falsche Bezeichnung war.

Die kleinen Umwege hatten den Vorteil, dass ich auf vielen Wegabschnitten fast allein unterwegs war. Dies änderte aber nichts daran, dass abends in den Herbergen wieder „Completo“ verkündet wurde.

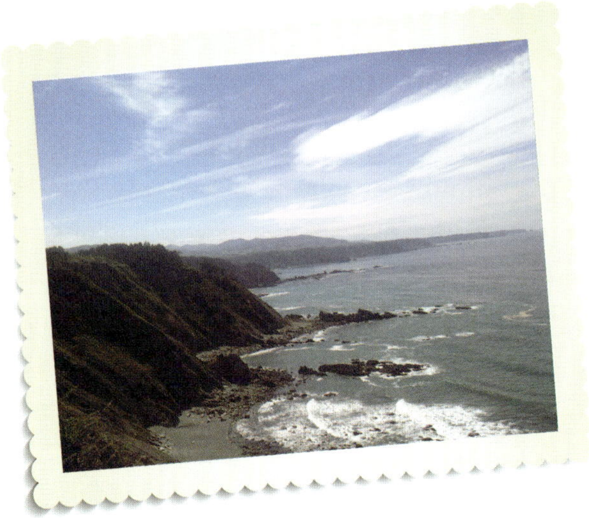

Ich lief Tag für Tag am Meer entlang. Aber zum Baden war keine Zeit. Außerdem gab es an der schroffen Steilküste wenige Möglichkeiten. Und ich hatte in meinem Pilgerführer gelesen, dass durch Baden die Füße aufweichen, was die Blasenbildung befördern würde. Und ein weiteres körperliches Leiden konnte ich mir wirklich nicht erlauben. Inzwischen hatte ich nämlich auch noch eine Sehnenscheidenentzündung im Bereich des Handgelenks, bedingt durch das stundenlange Festhalten meines Wanderstockes.

Die Sonne brannte, das Meer glitzerte, die Wellen rauschten. Nein, das konnte ich nicht ignorieren. Ich verweilte ausnahmsweise für ein paar Minuten an einem Badestrand und hüpfte vergnügt den Wellen entgegen. Das kurze Vergnügen war so erfrischend, für Körper und Seele. Ein Herbergsbett würde ich aufgrund der fortgeschrittenen Uhrzeit sowieso nicht mehr bekommen. Aber ein Zimmerchen in einer Pension hatte sich immer gefunden. Zwei Stunden später hatte ich bereits zum vierten Mal das Wort „Completo“ gehört. Im Umkreis von 15 Kilometern gäbe es kein Bett mehr, so ein österreichischer Pilger, der auf seinem Smartphone herumspielte. Ein teures Vier-Sterne-Hotel war die letzte Rettung. In der Tat war das Hotel noch nicht ausgebucht. Und aufs Geld sollte es jetzt nicht ankommen.

Es gab nur noch ein Zimmer. Aber wir waren zwei Pilger. Da das Bett groß war, schwatzte uns die Rezeption das Zimmer zusammen auf. Ich kannte den Mann nicht, aber was blieb mir anderes übrig.

Das Zimmer war wirklich schick. Der etwa 50-jährige Künstler breitete sich selbstbewusst aus. Leider auch im Bett. Er hatte kein Schamgefühl und begann seine Fußnägel zu schneiden. Ein Würgereiz breitete sich in meiner Kehle aus. An kollektives Zähneputzen hatte ich mich gewöhnt, aber fremde Fußnägel überschritten meine Ekelgrenze. Er bemerkte meine Verwunderung, nahm dies aber nicht zum Anlass, sich ins Badezimmer zurückzuziehen, sondern einen Vortrag über Fußhygiene zu halten. Genau das hatte ich jetzt noch gebraucht.

Der Mann hatte auch nachts kein Gefühl für Grenzen. Schräg lag er im Bett, welches nur eine Breite von 1,50 Meter hatte. An den Bettrand gedrängt konnte ich dieses luxuriöse Zimmer nicht genießen. Und dann auch noch der Krach, der durch die Wände drang. Wir waren in einem Seitenflügel des Hotels untergebracht, neben uns eine feierwütige Gruppe von Spaniern.

Irgendwie schaffte ich es doch noch einzuschlafen. Und als ich wenig später wieder aufwachte, hatte ich das Bett für mich allein. Ich freute mich schon, dass der Typ verschwunden war. Manche Pilger sind krass drauf und laufen nachts. Warum nicht auch er.

Ich schlurfte Richtung Toilette und erschrak mich gewaltig. Denn er lag samt Bettzeug in der Badewanne. Er hatte sich dort einquartiert, da das Badezimmer weniger stark vom nächtlichen Partylärm betroffen war. Doch wo sollte ich jetzt auf Toilette gehen? Drei Stunden später war das Badezimmer endlich wieder frei.

Was für eine furchtbare Nacht. Die nächsten Nächte bekam ich wieder ein eigenes Bett, und auch der Gang zur Toilette war jederzeit möglich. Ein Stressfaktor blieb die Frage der Unterkunft aber weiterhin.

Mein Pilgerausweis füllte sich wie ein Tagebuch mit Stempeln. Jeder Stempel erzählte eine andere leidvolle Geschichte. Der Urlaub war abenteuerlich, aber in anderer Hinsicht als erhofft. Der Camino gab mir nicht das, was ich wollte, sondern was ich brauchte. Leider war das eins auf die Fresse.

Schnauze voll, ich breche ab

Zwischen 13 und 15 Uhr war für die meisten Pilger Schluss. Sie kehrten in der Herberge ein. Die Spanier hielten einen traditionellen Mittagsschlaf. Andere Pilger lagen in der Wiese oder saßen im Café. Doch mir war das zu langweilig. In den meisten Orten gab es außer der Herberge und einer Kneipe nichts. Das Meer war meist zu weit entfernt, als dass man abends einfach so mal hätte schwimmen gehen können. Auch hatte ich um 15 Uhr mein Tagessoll von 35 Kilometern noch nicht geschafft. Für mich war gegen 17 oder 18 Uhr die perfekte Einkehrzeit: Es bestand noch genug Zeit zum Wäschewaschen, Duschen und Abendessen, ohne dass Langeweile aufkam.

An diesem Abend, es war inzwischen nach 19 Uhr, stand ich verzweifelt in einer Apotheke. Nein, ich wollte keine Medikamente oder Bandagen. Mir ging es inzwischen körperlich wieder gut. Die beiden Mitarbeiterinnen telefonierten fürsorglich das halbe Dorf ab, um mir einen Schlafplatz zu organisieren. Zuvor hatte ich mir in der Herberge anhören müssen, ich könne doch unter dem Vordach der Schule schlafen, auf dem Betonboden. Ich hatte einfach keine Lust mehr. Das Wort „Completo" konnte ich nicht mehr hören. Obwohl ich immer sehr früh aufstand und wenig Pausen machte: Der Bettenmangel war zu extrem. Ich wollte einfach nur ein Bett oder ein Sofa, egal, Hauptsache nicht den nackten Boden draußen, wo ich der nächtlichen Nässe und Kälte ausgesetzt wäre. Die nette Apothekerin gab mir zu verstehen, dass es wirklich gar nichts mehr im Dorf gab, sie mir aber ein Bett in zehn Kilometern Entfernung reserviert habe. Also nahm ich die Füße in die Hand, da es schon langsam dunkel wurde.

Auf dem Acker außerhalb des Dorfes schlug ein anderer Pilger gerade sein Zelt auf und umringte dieses freudig mit einer Flasche Wein in der Hand. Ich griff zum Mobiltelefon und rief meine Eltern an. Meine Mutter war dran. Ich dachte, ich würde sie überraschen, indem ich ihr verkünde, dass Schluss sei mit dem Pilgern. Aber sie war vielmehr überrascht, dass ich nicht schon eher abgebrochen hatte. Massenschlafsäle und ihren Sohn, der sich als Kind gern allein in sein Kinderzimmer zurückzog und sich auch als Erwachsener noch vor vielen Dingen ekelte, konnte sie einfach nicht zusammenbringen.

Ich hatte beschlossen, noch etwas Strandurlaub in Sitges bei Barcelona zu machen. Doch in Geographie war ich noch nie gut. Meine Mutter teilte mir nach einer kurzen Recherche mit, dass das über 900 Kilometer entfernt sei. Zudem war mein Rückflug ab Santiago schon gebucht. Ich verwarf daher erst einmal diese Alternative. Irgendeinen schönen Badeort zum Verweilen würden es wohl auch an der nordspanischen Atlantikküste geben.

Ich wollte mich nicht mehr sorgen, ob ich nachts einen Schlafplatz haben würde. Daher konnte ich meine Reise definitiv nicht in der bisherigen Art und Weise fortsetzen.

Ich schwitzte aus allen Poren. Nicht nur unter den Armen, am Rücken und auf der Stirn. Wirklich überall schoss der Schweiß aus mir. Ich war einfach fertig.

Nachdem ich auch die letzten zehn Kilometer gemeistert hatte, kam ich in einem sehr schicken Hotel an. Und hier sollte ich für kleines Geld von 25 Euro schlafen können? Fast, von hier wurde ich in ein nahegelegenes Gewerbegebiet gefahren. Die große Wohnung hatte viele kleine Zimmer. Ich hatte freie Wahl. Meine nächtlichen Mitbewohner lernte ich nicht kennen, da ich mich in einem Zimmer verbarrikadierte. Ich hörte nur, wie einer nach dem anderen nachts abgeliefert wurde. Aber wo war ich hier eigentlich gestrandet? Auf dem Jakobsweg war ich nicht mehr.

Am nächsten Morgen lief ich zurück zur Küste, wo ich in einem Fischerdorf wieder auf den Jakobsweg traf. Ich steuerte zielgenau auf den Busbahnhof zu, ein absolutes Tabu auf meinem bisherigen Weg. Während der nächsten 30 Minuten schaute ich mitleidig auf die Pilger, die sich entlang der Küstenstraße quälten. Ich hatte kein schlechtes Gewissen. Jetzt war ich also auch einer dieser Busreisenden. Nein, ich war sogar ein Abbrecher, einer, der auf dem Weg gescheitert war.

Mein Zielort war ein touristischer Ort mit Badestrand. Hier plante ich die nächsten anderthalb Wochen zu verbringen. Doch wollte ich 200 Kilometer vor dem Ziel wirklich abbrechen? Nein, wollte ich nicht. Aber auch keinen weiteren Stress. Warum das Kind mit dem Bade ausschütten? Zweifel waren okay. Aber Zweifel an der Art meiner Pilgerschaft, nicht am Pilgern an sich. Und ich war noch nie ein Mensch, der Dinge aufgab, nur weil es Probleme gab.

Die Pflicht, Santiago zu Fuß zu erreichen, schlug ich mir aus dem Kopf. Was gestern war, war egal. Was in drei Tagen sein würde, war auch nicht bedeutsam. Das Heute zählte, der Moment. Befreit von Sorgen der vergangenen Tage und den Befürchtungen der Zukunft leerte sich mein seelischer Rucksack. Das zwischenzeitliche Scheitern gab mir die Möglichkeit, neu zu starten. Ich lernte, dass manchmal auch selbst auferlegte Zwänge einfach beiseitegeschoben werden müssen.

Am nächsten Tag lief ich nur zwölf Kilometer bis Ribadeo. Ich nahm mir für den kurzen Weg Zeit. Gegen 13 Uhr hörte ich schon wieder „Completo“ in der Herberge. Wie absurd. Wie früh sollte ich denn noch ankommen, um ein Bett zu bekommen?

Ich wollte dieses verhasste spanische Wort kein einziges Mal mehr hören, daher ging ich zur Touristeninformation, um eine Auskunft darüber zu bekommen, wo etwas frei wäre. Doch die Siesta-Zeit ist den Spaniern heilig. Ich eilte durch die Eingangstür und wurde – ebenso wie andere Pilger – wieder nach draußen gebeten, weil ab sofort Mittagspause sei. Ab 17 Uhr könnten wir wieder nachfragen. Ich sah vor meinem geistigen Auge, wie alle Zimmer der Stadt bis dahin wieder vergeben sein würden. Ich wollte einfach nur eine Hotelliste. Aber die Mitarbeiterin motzte mich an, da sie Hunger hatte und jetzt Mittagessen wollte. Ich war jedoch nur an einem Schlafplatz interessiert. Ich verlor das Wortgefecht, stürmte wütend aus der Touristeninfo und rannte in ein Fahrrad. Zum Glück wurde niemand ernsthaft verletzt. Auf einmal stand die Mitarbeiterin hinter mir, nickte mir mürrisch zu, ich folgte ihr und sie half mir doch weiter.

Inzwischen hatte mich meine Freundin Katja angerufen, die auf dem Weg nicht zurechtkam. Ich besorgte uns daher ein schnuckeliges Doppelzimmer.

Katja war etwa 100 Kilometer hinter mir. Wir waren schon seit 14 Jahren befreundet und kannten uns vom Studium. Sie war der Typ Mensch, der immer Selbstbewusstsein und gute Laune ausstrahlt. Aber jetzt ging es ihr nicht gut.

Ich hatte Katja eine Woche zuvor auf dem Weg getroffen. Da sie sehr langsam unterwegs war, hatte wir nur einen gemeinsamen Abend. Ich wollte sie und Mr. Weinflasche verkuppeln, was aus ihrer Sicht aber vollkommen absurd war. Kurz danach kam mir Mr. Weinflasche abhanden.

Ich freute mich, als Katja in Ribadeo mit dem Bus ankam. Und zugleich war klar, dass sie sich den Bettenmangel nicht antun wollte, dem man in den kommenden Tagen ausgesetzt wäre. Und während ich Santiago wieder fest im Blick hatte, schickte ich meine Freundin am nächsten Morgen mit dem Bus zurück nach Irun, damit sie das Baskenland, das sie noch nicht kannte, wie ich lieben lernen konnte. Ich war mir sicher – und hatte damit recht –, dass in dieser großen Entfernung zu Santiago die Unterkunftssituation wieder entspannter sei. Und Katja folgte diesem Rat. Sie hatte keine Ahnung, worauf sie sich einließ. Aber es sollte ihr Leben verändern.

Wenn du weit kommen willst, dann geh zusammen

Katja schlummerte noch, als ich meine Sachen zusammenpackte. Es war so schön mit ihr. Und zugleich war es für uns beide genau richtig, unseren jeweils eigenen Weg zu gehen.

Zudem musste ich mich auch noch vom Meer verabschieden, einem der wenigen Dinge, die mir auf dieser Leidensreise Kraft gaben. Bei Ribadeo verließ der Weg das Meer Richtung Landesinnere.

Da ich gelernt hatte, wie wichtig es ist, im eigenen Tempo unterwegs zu sein, lief ich gemütlich los. Ohne Stress. Ich konnte die Umgebung mit ihren verzauberten kleinen Dörfern und der bodenständigen Ursprünglichkeit richtig genießen. Ich hatte nach all diesen Rückschlägen tatsächlich weitergemacht und mich aus dem selbst geschaffenen Hamsterrad befreit.

Bereits gegen Mittag kam ich bei einer Herberge auf Spendenbasis an. Ich war der erste Pilger. Ich fand eine Kasse des Vertrauens und menschenleere Schlafräume vor. Ich grübelte, ob ich weiterlaufen oder hierbleiben solle? Doch ich wollte keine weiteren Risiken mehr eingehen und blieb.

Während ich meine Wäsche stundenlang im Wind beobachtete, wurde mir klar, dass alle Alltagssorgen wie weggeblasen waren. Ich grübelte nicht über Luxusprobleme in Berlin. Hier war ich froh, wenn meine Grundbedürfnisse Essen, Trinken und Schlafen befriedigt wurden.

Immer wieder kamen Pilger vorbei, die sich die gammelige Herberge anschauten und schließlich doch weiterzogen.

Eine schlichte Bar war in direkter Nähe. Die kulinarische Verköstigung war eine Katastrophe. Es gab Bocadillos, also Sandwiches aus trockenem Baguette. Dazu ein gekühltes Wasser. Wasser und Brot sowohl zum Mittagessen als auch Abendessen fühlte sich wie Knastfraß an. Keine Früchte, kein Dessert, nichts Warmes.

Inzwischen waren auch andere Pilger eingekehrt. Es waren junge Spanier, deren Geräuschempfinden mal wieder nicht dem meinen entsprach. Es gab zwei große Schlafsäle und ein kleines Schlafzimmer mit nur einem Doppelstockbett. Ich hatte mich auf beiden Etagen des Doppelstockbettes ausgebreitet, um den Eindruck zu erwecken, dass der kleine Raum komplett belegt sei. Ich wollte mit keinem dieser lautstarken Menschen den Schlafraum teilen.

Zum Abend wurde die Herberge immer voller und ich wusste, dass jedes Bett gebraucht wurde. Daher entschied ich mich, die ankommenden Pilger genau zu scannen und einem ruhig wirkenden Pilger das Bett über mir anzubieten. Die Wahl fiel auf Matteo, einen Italiener mit schwedischen Wurzeln.

Wir verstanden uns auf Anhieb gut und klagten uns unser Leid. Matteo hatte ein Zelt dabei. Das zusätzliche Gewicht machte ihm zu schaffen, weshalb er sich davon trennen wollte. Drei Tage zuvor hatte ihn das Zelt aber gerettet. Während ein anderer Pilger abends an ihm vorbeieilte und er es total verrückt fand, dass jemand gegen 20 Uhr noch ein Dorf verlässt, hatte er mit Genehmigung eines Bauern sein Quartier auf dem Acker aufgeschlagen. Als ich ihm erzählte, dass ich dieser Verrückte war, musste er lachen. Uns beiden war dieser Moment eindringlich in Erinnerung geblieben.

Ich mochte Matteo sehr. Aber wichtiger als neue Bekanntschaften war mir die Gewissheit, ein Bett zu finden. Am nächsten Morgen brach ich – mit Stirnlampe auf dem Kopf – vor Sonnenaufgang im Dunkeln auf. Ich kam nicht weit, denn auf einem Feldweg versperrten mir zwei aggressive Hunde den Weg.

Ich wusste, dass ein Biss ausreichen konnte, das Ende meiner Reise zu besiegeln. Und ich konnte die Hunde auch nicht erkennen. Waren es kleine Tölen mit großer Schnauze oder ernstzunehmende Gefahrenquellen? Ich vernahm nur ihr Knurren und Bellen. Ihre Augen reflektierten das Licht meiner Stirnlampe. Jeden Schritt, den ich rückwärts machte, folgten sie mir. Die Tiere bewegten sich immer am Rande des Lichtkegels meiner Lampe. Lockte meine Lampe sie an oder hielt sie sie ab? Ich wollte es nicht testen. Also gab ich mich geschlagen und nahm im Dunkeln entlang der Dorfstraße einen riesigen Umweg in Kauf. Es wäre mir peinlich gewesen, in die Herberge zurückzukehren. Aber gebissen werden wollte ich auch nicht.

Über eine Stunde später war ich endlich wieder auf dem Weg. Der liebgewonnene gelbe Pfeil half mir bei der Orientierung. Wenig später holte mich Matteo ein, der sich wunderte, dass mein Vorsprung nicht größer war, obwohl ich so früh aufgebrochen bin. Meine Geschichte von den aggressiven Hunden amüsierte ihn. Er fand sie nicht dramatisch genug. Mit einem breiten Grinsen fragte ich mich kokettierend, ob es nicht eventuell doch ein Rudel Wölfe gewesen sei. Denn ein mutiger Pilger wie ich würde sich doch nicht von Dorfkötern einschüchtern lassen. Ja, vielleicht waren es doch ein Dutzend Wölfe, denen ich mich heldenhaft gestellt hatte ...

Bei jedem Dorfhund, der uns mit wedelndem Schwanz entgegenkam, rief Matteo: „Vorsicht, ein Wolf!“ Er liebte es, mich aufzuziehen.

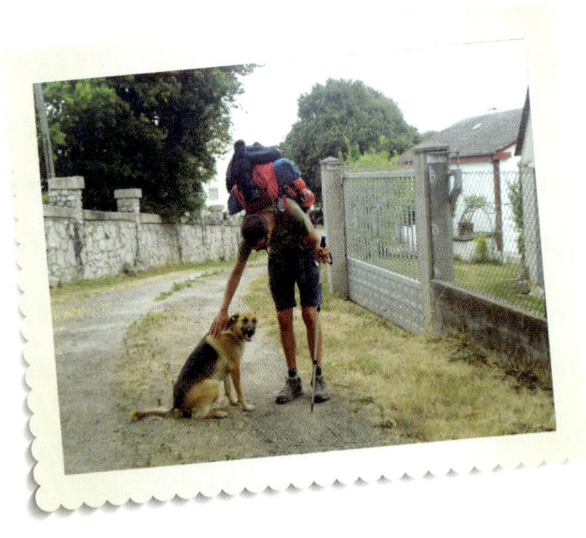

Matteo hatte eine rege Fantasie. Wir malten uns aus, wie wir die Pilger hinter uns in die Irre führen könnten, damit sie uns später kein Bett wegnehmen. Ein anderes Mal stellten wir uns angesichts zahlreicher humpelnder und verletzter Pilger vor, dass es eigentlich Zombies wären, die man töten müsse. Unser Humor passte gut zueinander. Beim nächsten „Completo“ wollte ich zudem einen Aufstand der Pilger anführen. Alle Türen, egal wie voll das jeweilige Haus auch sei, sollten uns offenstehen. Wir waren nicht irgendwelche Touristen. Wir waren Pilger, denen Hilfe zuteilwerden musste. Ich war erstmals in meinem Leben in Revolutionslaune.

Zum Glück hörte uns niemand zu. Er oder sie hätte uns in eine Psychiatrie für gewalttätige Verbrecher einliefern lassen. Aber wir waren körperlich am Ende. Unsere Fantasie lenkte uns von den körperlichen Leiden ab. Und wir kamen in der Tat zügig voran. Eines Tages schafften wir sogar 40 Kilometer, ohne dass es anstrengend war. Es machte einfach Spaß mit Matteo.

Ab und zu bremste mein neuer Pilgerfreund und stocherte mit seinem Stock im Boden herum. Er sammelte tatsächlich Steine. War sein Rucksack nicht schon schwer genug? Der romantische Italiener sammelte Steine in Herzform, um sie als Andenken zu behalten oder einer lieben Person in der Heimat zu schenken.

Einer von Matteos Steinen war ganz gewiss für eine Person auf dem Weg bestimmt: Leticia. Ich kannte sie nur aus Matteos Erzählungen. Er hatte sie am Anfang seines Weges kennen und lieben gelernt. Sie musste ihren Weg nach zwei Wochen unterbrechen, um ihrer Arbeit in Madrid nachzugehen. Doch auch sie hatte sich in Matteo verliebt und wollte für die letzten Kilometer zurückkehren.

Ich hatte davon gehört, dass sich lange Zeit insbesondere Südamerikanerinnen auf den Jakobsweg begaben, um einen passenden Partner zu finden. Ob solche vermeintlichen Erwartungshaltungen mit späterem Glück verbunden waren, entzog sich meiner Kenntnis. Aber ich bemerkte, dass sich die Menschen hier gut kennenlernen konnten. Wenn du hier mit dem Gegenüber klarkommst, den Tag und die Nacht gemeinsam verbringst, körperliche Strapazen meisterst und trotz aller zutage tretenden Unzulänglichkeiten den anderen immer noch ansprechend, interessant und vielleicht sogar attraktiv findest, dann muss es wirklich Liebe oder echte Freundschaft sein.

Und so wie Matteo, der auf dem *Camino del Norte* seine Liebe fand, mit der er vielleicht sogar den Rest seines Lebens verbringen würde, erging es auch anderen.

Da das Durchschnittsalter in den Sommermonaten sehr niedrig war und die Fraktion der 20-Jährigen die größte Gruppe ausmachte, war das Schaulaufen zugleich enorm. Junge testosterongesteuerte Männer versuchten, junge Frauen zu beeindrucken, die wiederum kindlich kicherten.

Meine Freundin Katja hingegen suchte gar niemanden. Weder neue Freunde noch einen Partner. Sie war zufrieden. Und im Gegensatz zu meinen 35-Kilometer-Mammutmärschen legte sie zum Teil nur fünf Kilometer am Tag zurück und schlug dann wieder ihr Zelt auf. Während mein Ziel mit Santiago feststand, hatte sich in der ansonsten so entspannten Katja eine unerwartete Orientierungslosigkeit breitgemacht. In Ribadeo hatte ich ihr zum Glück den Schubs in die richtige Richtung gegeben. Sie genoss den Weg im Baskenland tatsächlich sehr. Hier lernte sie den charmanten Spanier Jorge kennen, einen Ladenbesitzer aus der Region Rioja, der auch als Pilger unterwegs war.

Doch nicht alles auf dem Jakobsweg entwickelte sich wie im Märchen. Während der Pilgerschaft zeigte sich ziemlich deutlich, wenn Paare nicht zueinander passten. Während sie sich im Alltag durch Beruf oder Studium gut aus dem Weg gehen konnten, hatten sie den jeweils anderen auf dem Jakobsweg Tag und Nacht um sich. Ich bemitleidete daher im Stillen einen deutschen Pilger, der von seiner Freundin durch die Gegend gescheucht wurde. Wenn man ihn etwas fragte, nahm sie ihm sogar das Antworten ab. Während ich mir dieses Trauerspiel ansehen musste, war ich erstmals seit langem froh, nicht in einer Beziehung zu sein.

Mein Geschenk war keine neue Partnerschaft, aber die Freundschaft mit Matteo. Es stimmte, dass ich allein gehen musste, um schnell zu sein. Aber um weit zu kommen, musste ich jemand finden, der den Weg mit mir zusammen geht.

Ich hatte Herausforderungen gemeistert, war Unvorhergesehenem begegnet, erlebte Verwundung und Heilung, musste mich um Essen, Trinken und einen Schlafplatz bemühen und durfte Gastfreundschaft erleben. Ich stellte auf ganz einfache Weise fest, wie wenig ich zu einem zufriedenen Leben brauche. Doch war ich wirklich ein Pilger? Oder nur ein Wanderer auf einem geistlichen Weg?

Wie katholisch ist der Jakobsweg?

Es gefiel mir gut, auf dem Weg auf so viele Kirchenkritiker zu stoßen. Und eine spanische Pilgerin bestätigte mit ihrer Geschichte meine Sicht von der katholischen Kirche. Auf einer früheren Pilgerreise fand sie bei einem Gewitter keine Bleibe. Angekommen bei einer Kirche wendete sie sich an den dortigen Priester, der ihr spirituelle Unterstützung anbot, aber einen Schlafplatz – und sei es nur die kalte, aber trockene Kirchenbank – versagte. Laut ihrer Schilderung versuchte sie dem Priester zu verdeutlichen, dass sie kein spirituelles Problem habe, sondern ein ganz weltliches, da draußen das schlechte Wetter tobte. Aber sie fand kein Gehör und musste außerhalb von Kirche und Pfarrhaus nächtigen.

Etwa eine Woche nachdem ich die Geschichte gehörte hatte, lief ich mit Matteo durch das verregnete Galicien. Die Region machte ihrem Ruf alle Ehre. Irgendwie hatte ich immer „gallisch" statt „galicisch" im Kopf. Ebenso wie das Land von Asterix und Obelix, die natürlich keine Spanier, sondern Franzosen waren, hatte sich diese einfache Region ihre Ursprünglichkeit bewahrt. Und sogar das Wetter trotzte dem Klimawandel. Während in Deutschland sommerliche 40 Grad herrschten, hatten wir hier gerade einmal 16 Grad und Dauerregen.

Da Matteo keinen Poncho besaß, trug er fast den ganzen Tag einen Schirm. Beide Hände waren von der Kälte schon blau angelaufen. Doch die Rettung nahte. Das alte Kloster von Sobrado dos Monxes sollte uns Schutz und eine erholsame Nacht bieten. Hier wollten sich auch Matteo und Leticia wiedersehen, um in den nächsten Tagen gemeinsam in Santiago einzulaufen.

Zunächst stießen wir auf verschlossene Tore. In unserem Schlepptau befand sich das junge Paar mit der schikanösen Frau. Wir alle waren pitschpatschnass, erschöpft und zu keinem weiteren Schritt in der Lage. Das änderte aber nichts an den Einlasszeiten. Die Mittagsöffnungszeit hatten wir um eine halbe Stunde verpasst. Die Tore sollten sich erst in drei Stunden wieder öffnen. Für diese Regel hatte ich kein Verständnis. In drei Stunden hätte ich mir eine fette Erkältung eingefangen. Also wummerte ich mit der geballten Faust gegen das Tor. Matteo und die anderen beiden Pilger winkten ab. Ich wollte mich nicht geschlagen geben. Nach ein paar Minuten tat ich es doch.

Verzweifelt saß ich am Boden, als sich die Eingangspforte öffnete. Aber nicht, um uns hereinzubitten, sondern um Besucher herauszulassen. Während die anderen Pilger die Situation als gegeben akzeptierten, eilte ich zum Mönch, der mich grimmig anschaute. Das Argument, dass uns kalt sei, konnte sein Herz nicht erweichen. Er war schon dabei, die Tür wieder zu schließen, als ich ihm verzweifelt zurief, dass wir doch nicht mehr als vier Pilger seien. Er warf einen prüfenden Blick um die Ecke, der ihm bestätigte, dass außer mir tatsächlich nur drei weitere Personen anwesend waren. Er willigte also ein.

Während wir dankbar durch das Einlasstor gingen, merkte der Mönch leise und schuldbewusst an, dass dies gegen die Regeln des Klosters sei. Um anschließend mit einem Schmunzeln zu ergänzen, dass es manchmal notwendig ist, die Regeln zu brechen.

Mit der katholischen Kirche hatte ich noch nie viel am Hut. Als Jugendlicher spottete ich über Papst Johannes Paul II. Und anlässlich des Deutschlandbesuchs von Papst Benedikt XVI. war ich für ein halbes Jahr lang Sprecher eines Protestbündnisses, welches die „menschenfeindliche Geschlechter- und Sexualpolitik des Papstes“ kritisierte. Und nun pilgerte ich auf einem katholischen Weg und bekam in einem Kloster Unterschlupf.

Mit gläubigen Menschen hatte ich weniger Probleme, da die meisten Katholiken die Lehren der eigenen Kirche zu Sexualmoral und Frauenrechten seit Jahrzehnten zunehmend kritisch sehen. Aber die Institution Kirche stellte ich bei allen Handlungen stets infrage, ihre Absichten und Motive sowie ihr Machtstreben und ihr Geltungsbedürfnis. Selbst karitative Einrichtungen sah ich mit Skepsis.

Und nun zeigten mir eine milde Geste und ein kurzes menschliches Schmunzeln, dass auch ich zu mehr Differenzierung in der Lage sein sollte. Mein Ex-Freund, ein Ex-Katholik, sah in solch emotionalen Momenten meinerseits eine intellektuelle Schwäche. Ich würde mich zu leicht einlullen lassen, so seine These.

Meine Sorge galt an diesem Nachmittag aber nicht meinen Wertvorstellungen, sondern wie ich meine Schuhe bis zum nächsten Tag wieder trocken bekommen würde. Der Handtrockner in den Wasch- und Toilettenräumen war dabei recht nützlich. Das fünfsekündige kurze Blasgeräusch ging mir zwar bereits nach ein paar Minuten gewaltig auf die Nerven. Aber tapfer stand ich etwa zwei Stunden an dem Gerät. Es heulte kurz auf und schon war es wieder aus. Wie verrückt wackelte ich permanent mit den Schuhen und den herausnehmbaren Schuhsohlen unter dem Sensor, bis das Gerät wieder ansprang.

Matteo kümmerte sich kaum um seine nassen Sachen. Er war zu aufgeregt wegen des Wiedersehens mit Leticia. Als sie später eintraf, wurden wir einander kurz vorgestellt. Aber dann waren die beiden mit sich als Paar beschäftigt.

In meiner Altersgruppe existierte einfach niemand. Sie waren verloren gegangen, hatten jemanden gefunden oder kümmerten sich in der Heimat um Karriere und Familie. Während der Handtrockner wieder kurz aufjaulte, stellte ich mir die Frage, was ich Mittedreißigjähriger hier zwischen Paaren, Studenten und Rentnern eigentlich wollte. Nein, nochmal dachte ich nicht über einen Abbruch nach. In Santiago wollte ich ankommen. Aber Erwartungen hatte ich ansonsten keine mehr an den Weg.

Inzwischen waren die Tore auch offiziell wieder geöffnet. Und die durchnässten Pilger strömten in Scharen in das alte ehrwürdige Kloster.

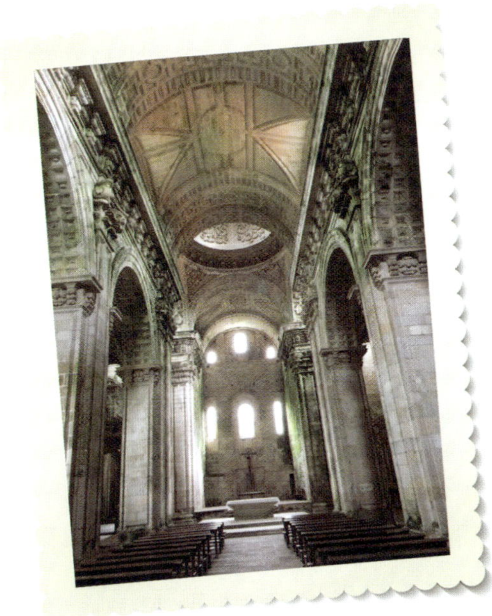

Ich schlenderte durch die Wandelgänge auf dem Weg zum Schlafraum, als mir aus einem Badezimmer eine Frau mit nassen Haaren und einem großen Handtuch um den Körper gewickelt fast schon kreischend zurief: „Jörg, Jörg, bist du es?“ Es war Jessi. Sie und Nils hatte ich schon ewig nicht mehr gesehen. Wie lang war es wohl her? „Bestimmt 100 Kilometer“, meinte ich gönnerhaft. Sie korrigierte mich: „Bestimmt mehr als 200.“ Tatsächlich hatten sich unsere Wege vor 300 Kilometern getrennt.

Jessi und Nils waren unter sich geblieben. Und ich war für sie offenbar gar keine so schlechte Pilgerbegegnung. Wir drei freuten uns sehr über das Wiedersehen. Ihre kühle norddeutsche Art hatte ich zuvor als nicht vorhandene Zugewandtheit interpretiert. Erst jetzt erkannte ich ihre Herzlichkeit. Sympathisch waren sie mir bereits vorher.

Beim gemeinsamen Abendessen entbrannte eine Diskussion darüber, ob und welche Pilgerurkunde wir uns in Santiago holen würden. Die lateinische *Compostela* für religiöses Pilgern, gewissermaßen das Original, wollte ich nicht nehmen. Das stieß auf großes Unverständnis, insbesondere bei Jessi. Ich sei doch den ganzen Weg gelaufen und könne stolz darauf sein. Aber für mich fühlte sich das nach einer Unterwerfung unter kirchliche Dogmen an. Daher wollte ich nur eine einfache „sportliche“ Urkunde.

Bereits der Reformator Martin Luther zweifelte die Echtheit der Grabesstätte von Jakobus an, weil dort eventuell nur die Gebeine eines toten Hundes liegen würden. Und ich wollte so oder so keinem Heiligen huldigen, weil ich an „Heiligkeit“ nicht glaubte, höchstens an „Scheinheiligkeit“.

Während die Menschen im Mittelalter aufbrachen, um ein Gelübde zu erfüllen, würden die wenigsten Pilger ihre Absichten heutzutage so beschreiben. Und doch vermutete ich bei nicht wenigen meiner Begleiter ein inneres Gespräch mit Gott. Ich hingegen schrie weder Richtung Himmel noch flüsterte ich in Gedanken mit ihm.

Auch wenn ich wochenlang auf einem katholischen Weg zum Grab des Apostels Jakobus lief, ich war mir ziemlich sicher, dass ich ohne religiöse Absichten hier war. Ich sah im Pilgern ein bloßes Ausbrechen aus dem Alltag. Bis aufs Kloster in Sobrado mied ich auf dem gesamten Weg religiöse Unterkünfte, obwohl ich aufgrund des Bettenmangels alles andere als wählerisch sein konnte. Ein Sturkopf war ich schon immer.

Als armselig empfand ich den Glauben, den die Menschen über Jahrhunderte der Kirche schenkten. Diese versprach ihnen, dass durch die Pilgerschaft nach Santiago ihre Sündenstrafen erlassen werden, um nach dem Tod dem Fegefeuer zu entgehen. Der kirchliche Missbrauch des menschlichen Glaubens widerte mich an. Die Drohkulisse des Fegefeuers erzeugte das Bild eines strafenden Gottes, den ich so nicht mochte.

Auch Jakobus war mir nicht sonderlich sympathisch, da er lange Zeit als Symbol der christlichen Rückeroberung der Iberischen Halbinsel herhalten musste und auf Kunstwerken häufig als Krieger mit Schwert in der Hand dargestellt wurde. Zugleich faszinierten mich die Legenden um den Apostel.

—

Jakobus der Ältere gehörte zu den ersten vier von Jesus berufenen Jüngern. Nach Christi Himmelfahrt soll er auf der Iberischen Halbinsel, der damaligen römischen Provinz Hispania beziehungsweise dem

heutigen Spanien, erfolglos gepredigt haben. Er kehrte daher zu Lebzeiten nach Jerusalem zurück.
Im Jahr 44 während der Herrschaft von Herodes Agrippa I. wurde er als erster Apostel mit dem Schwert hingerichtet. Seine Jünger sollen seinen Leichnam nach der Enthauptung einem Schiff übergeben haben, das von einem Engel geleitet in Galicien ankam. Die Gebeine wurden schließlich von Helfern im Landesinneren beigesetzt. Dann geriet das Grab in Vergessenheit. Nach der Wiederentdeckung etwa 800 Jahre später wurde darüber eine kleine Kirche errichtet, um die herum sich Santiago de Compostela entwickelte.
Der Name Santiago de Compostela leitet sich von Santiago als Kurzform von Sankt Jakobus und Compostela als spanische Übersetzung von Sternenfeld ab. Nicht nur die Erzählung um die Entdeckung des Grabes durch Sternenschnuppen und andere Himmelserscheinungen, sondern auch die Behauptung, dass der Leichnam dort begraben worden ist, wird historisch angezweifelt. Doch auf Fakten waren Legenden noch nie angewiesen.
Am 25. Juli 816 wurde die damalige Kirche über der Grabstätte geweiht. Aus dem Kirchweihtag wurde später der Gedenktag an den heiligen Jakobus.
Im Jahr 997 wurden Santiago und dessen Kirche vom Heer des muslimischen Feldherrn Almansor zerstört. Aus Respekt blieb das Apostelgrab dabei aber unangetastet.
Um das Jahr 1075 wurde mit dem Bau der heutigen Kathedrale begonnen. Santiago entwickelte sich ab diesem Zeitpunkt neben Rom und Jerusalem zu der bedeutendsten Pilgerstätte des Christentums.

Seit Mitte des 15. Jahrhunderts wurde immer dann ein „Heiliges Compostelanisches Jahr“ ausgerufen, wenn der 25. Juli, der ursprüngliche Kirchweihtag, auf einen Sonntag fiel. In diesen Heiligen Jahren wird bis heute auch die Heilige Pforte der Kathedrale geöffnet und ein vollständiger Erlass von Sündenstrafen verkündet. In den Heiligen Jahren kann ein starker Anstieg der Pilgerzahlen vermerkt werden.
Schon im Mittelalter erlebte das Pilgern eine Kommerzialisierung, die bis heute anhält. Vermeintliche Reliquien wurden gehandelt, Pilgermuscheln als Beweis für die Pilgerschaft verkauft. Unterkünfte, Verpflegung und sonstige Dienste wurden seit jeher angeboten.
Nach dem Pilgerboom im Mittelalter gingen die Pilgerzahlen zunächst zurück. Einen großen Anteil daran hatte die Reformation ab dem 16. Jahrhundert. Martin Luther bezeichnete das Pilgern als „Narrenwerk“. Der Reformator wehrte sich gegen die von der Kirche propagierte Vorstellung, dass man Gott mit seiner Pilgerleistung gnädig stimmen müsse. Die Ansicht, man könne vor Gott gerechtfertigt sein, wenn man gute Werke tut, lehnte Luther ab und betonte die Rechtfertigung aus der Gnade Gottes im Glauben.
In Norwegen wurde das Pilgern von den herrschenden Protestanten ab 1537 sogar unter Todesstrafe verboten. Aber auch ohne Verbote war das Pilgern kein unbeschwerter Zeitvertreib. Für den Fußmarsch an den westlichen Rand Europas und zurück verging in der Regel ein ganzes Jahr. Viele Gläubige fielen dabei Krankheiten und Räubern zum Opfer.
Auch Seuchen waren wiederholt ein Problem. Im Jahr 1854 wurden aufgrund einer Cholera-Pandemie Feierlichkeiten und Menschenansammlungen in Santiago

verboten. Doch die Pilgerbewegung erholte sich immer wieder von diesen Rückschlägen.
Im Jahr 1884 erklärte Papst Leo XIII. die Echtheit des Apostelgrabes und versuchte damit, Zweifel am Pilgerort ein für alle Mal zu zerstreuen.
Große Probleme gab es im 20. Jahrhundert. Die beiden Weltkriege, der spanischen Bürgerkrieg und die Franco-Diktatur erschwerten eine Pilgerschaft erheblich. Der neuzeitliche Boom setzte erst wieder in den 1980er-Jahren durch die Besuche von Papst Johannes Paul II. in Santiago ein.
Auch die evangelische Kirche trägt der gewachsenen gesellschaftlichen Bedeutung des Pilgerns inzwischen Rechnung, indem sie zum Beispiel Informationsangebote schafft. Auch wenn es aus protestantischer Sicht keine Werkgerechtigkeit gibt, hat sich die Erkenntnis durchgesetzt, dass geistliches Wandern zu einer tiefen Glaubenserfahrung führen kann. Inzwischen lädt in Deutschland sogar ein Lutherweg zum Pilgern ein.

—

Es war ganz offensichtlich, dass der Weg keine exklusive Angelegenheit für gläubige Christen mehr war. Für die breite Bevölkerung waren die Bücher von prominenten Pilgern wie *Paulo Coelho* (Rio de Janeiro 1987), *Shirley MacLaine* (New York 2000) und *Hape Kerkeling* (München 2006) sowie der Hollywood-Film „The Way“ (2010, Regie und Drehbuch: *Emilio Estevez,* deutscher Titel „Dein Weg“) eine wichtige Inspirationsquelle.

—

Ein sogenannter „Kerkeling-Effekt“ lässt sich lediglich für das Jahr 2007 statistisch erkennen, ein Jahr nach Erscheinen des Buches „Ich bin dann mal weg“. Und

auch nur für die deutschen Pilger, deren Anteil kurzzeitig von etwa acht Prozent auf über zwölf Prozent anstieg und sich bis heute wieder bei acht Prozent eingepegelt hat.
Hape Kerkeling hat mit seinem Buch einen vorhandenen Trend für die deutsche Zielgruppe kurzzeitig verstärkt. Er hat diesen Trend aber nicht ausgelöst. Seit dem Ende der Franco-Diktatur Mitte der 1970er Jahre steigen die Pilgerzahlen nationalitätsübergreifend stetig an. Eine besondere Aufmerksamkeit und damit einen starken Anstieg der Pilgerzahlen bringen bis heute die Heiligen Jahre.

Pilgerzahlen 1975 bis 2019

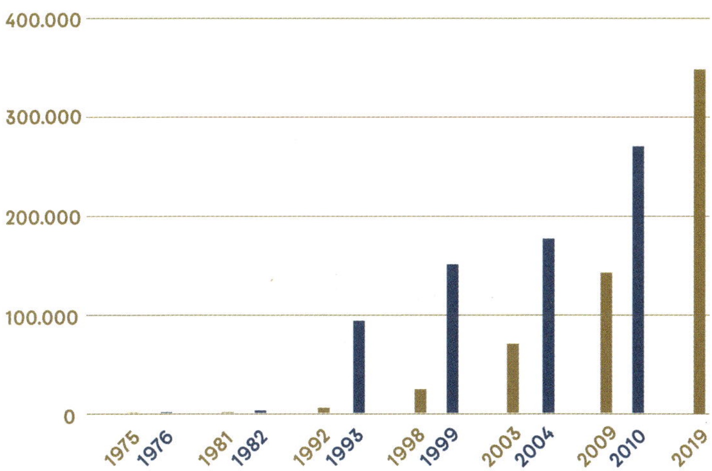

Die Heiligen Jahre sind blau dargestellt
Quellen: wikipedia und Pilgerbüro von Santiago de Compostela
https://oficinadelperegrino.com/en/statistics/

Auch wenn die PR der katholischen Kirche sehr professionell und wirksam ist, ändert dies nichts an dem Wandel bei den persönlichen Motiven der heutigen Pilger. Eine nicht-religiös motivierte Sehnsucht nach Sinn und Besinnung bekommt eine immer größere Bedeutung.

—

Die Ankunft in Santiago

Wir alle gingen gemeinsam Richtung Santiago. Aber jeder musste den Weg aus eigener Kraft meistern.

Die nächsten drei Tage war ich abwechselnd die Begleitung der Paare Leticia-Matteo und Jessi-Nils. Insbesondere bei Leticia und Matteo hatte ich Angst zu stören. Aber den beiden war es ganz lieb, dass sie nicht die ganze Zeit allein sein mussten. Leticia und ich kannten uns noch nicht. Jedoch wurde das Eis schnell gebrochen. „Gib mir deinen Poncho oder ich töte dich“, forderte sie mich unerwartet auf. Mein

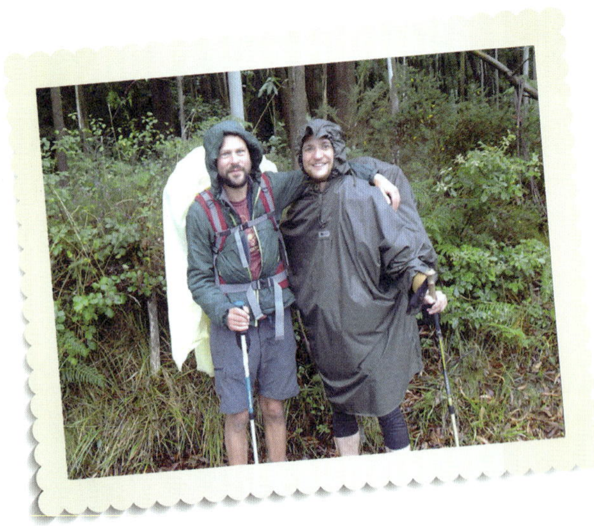

militärgrüner Poncho war alles andere als schick. Leticia gefiel er sehr. Mir hingegen gefiel Leticias derber Humor. Meinen Poncho bekam sie trotzdem nicht.

In Arzúa lieferte mich das spanisch-italienische Paar wie ein Kind in einer Herberge ab. Sie selbst wollten sich ein Hotelzimmer nehmen. Die Herberge war riesig, von Bettenmangel erstmals seit Wochen keine Spur. Aber die Pilgermassen im Ort waren erschlagend, da hier der *Camino del Norte* auf den Hauptweg *Camino Francés* stößt. Die Frage, woher du kommst, war auch hier sehr beliebt. Doch mit meinem Startpunkt Irun beziehungsweise Bilbao konnten die mir fremden Pilger nichts anfangen. Ob das vor Saint-Jean-Pied-de-Port sei, wurde ich gefragt. Dieser Ort sagte mir nichts. Oder bei Pamplona? Ich versuchte deutlich zu machen, dass ich nicht auf dem *Camino Francés* gelaufen war. Die japanisch-koreanische Gruppe konnte kaum glauben, dass es noch einen anderen Jakobsweg in Spanien gab. Auch die frommen Polen hatten noch nichts von einem anderen Weg gehört. Ich kam mir wie ein Scharlatan vor, der von einer Fantasie-Pilgerreise erzählte.

Ich freute mich zwar, dass ich seit langem nicht um ein Bett kämpfen musste. Trotzdem fühlte ich mich nicht wohl. Arzúa präsentierte sich entlang einer eintönigen Durchfahrtsstraße als ziemlich hässlich. Daher konzentrierte ich mich auf den nächsten Pilgertag. Womöglich würde ich sogar an diesem noch in Santiago ankommen. Ich fühlte mich fit genug, die etwa 40 Kilometer zu meistern.

Am Morgen startete ich sehr früh, um noch etwas Ruhe zu haben. Doch wie die Lemminge reihte sich Pilger an Pilger, obwohl es noch dunkel war. Mal kurz in die Büsche gehen war unbeobachtet nicht mehr möglich. In Ruhe einen Café con leche genießen auch nicht. Diese Absurdität wollte ich nur noch hinter mich bringen. Doch Jessi und Nils fanden das etwas unwürdig. Daher endete unsere lange stressige Tagesetappe in Monte do Gozo, fünf Kilometer vor Santiago. Hier waren wir in einer kasernenähnlichen Anlage untergebracht. Und leider in einem Zimmer mit nervigen Deutschen. Diese versuchten sofort, uns in ihre Gruppe zu integrierten, was in keiner Weise unserem Wunsch entsprach.

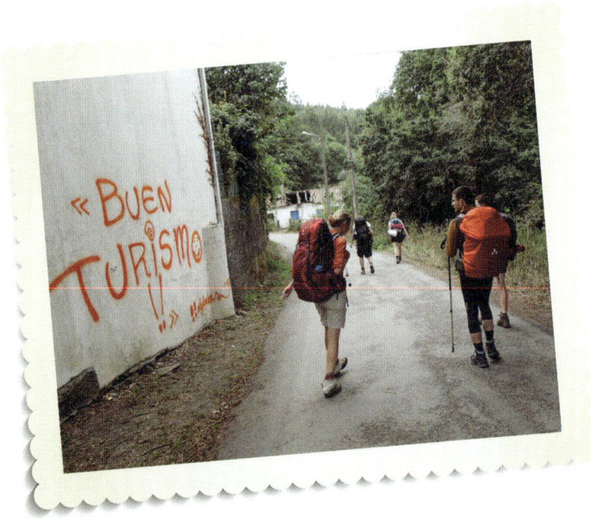

Mir graute schon vor dem nächsten Morgen. Ich hatte keine Lust, mich bei den Lemmingen einzureihen und in einer langen Schlange auf die bekloppte Pilgerurkunde zu warten. Zugleich war es mit Jessi und Nils so angenehm und lustig. Ich versuchte, sie davon zu überzeugen, dass wir gemeinsam um 4 Uhr morgens starten. Sie zeigten mir einen Vogel. Nach langem Hin und Her verständigten wir uns darauf, dass ich sie um 5 Uhr wecken durfte. Wir wollten ganz leise sein, um nicht die aufdringliche deutsche Gruppe im Schlepptau zu haben. Kein Handyalarm sollte klingeln, und mir wurde freigestellt, die beiden mit der Taschenlampe zu wecken. Sie glaubten sowieso nicht daran, dass ich so früh von allein aufwachen würde.

Bereits um 4 Uhr am Morgen konnte ich nicht mehr schlafen und wartete ungeduldig in meinem Bett darauf, dass die Zeit verging. Als ich mich kurz vor 5 Uhr dem Bett von Nils mit meiner Stirnlampe im Rotlichtmodus näherte, war dieser schon wach. Er kicherte wie ein kleiner Junge. Jessi schlief noch. Also hielt ich ihr – wie versprochen – die Lampe ins Gesicht. Mit diebischer Freude leuchtete ich ihr direkt in die Augen. Sie wurde sofort wach. Ein Eimer kaltes Wasser hätte nicht unangenehmer sein können. Jessi war zu benommen, um sich zur Wehr zu setzen. Aber schließlich musste auch sie kichern.

Alle Sachen waren griffbereit, sodass wir die anderen nicht weckten und uns im Gang in Ruhe ankleiden konnten. Und dann ging es los.

Nach etwa einem Kilometer, wir hatten inzwischen eine Autobahnbrücke überquert, waren wir am Ortseingangsschild von Santiago. Stolz machten wir im Lichte der Straßenlaternen ein Foto.

Das schmucklose Gewerbegebiet von Santiago fand ich scheußlich. Als ich wenig später die ersten schlichten Wohnhäuser erblickte, stöhnte ich vorwurfsvoll: „Das ist alles?“

„Was hast du denn erwartet?“, fragte Nils.

„Ich glaube, Pauken, Trompeten und ein Einhorn“, witzelte Jessi. In der Tat hoffte ich auf eine Art Emp-

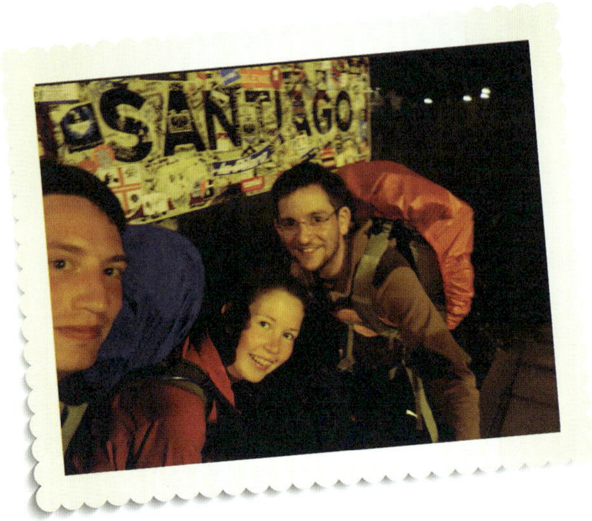

fangskomitee, applaudierende Menschen vielleicht. Zumindest irgendetwas Feierliches.

Auf den letzten 500 Metern wurde es dann schön. Die Altstadt von Santiago war wirklich sehr ansprechend. Da vor uns keine anderen Pilger unterwegs waren, kamen wir kurz vor dem Ziel vom Weg ab. Doch Nils kam bereits das zweite Mal in Santiago an und führte uns zielsicher zur Kathedrale. Dass wir versehentlich an deren Rückseite ankamen, begriff ich erst Stunden später.

Es war so ruhig. Wir hatten es geschafft. Und es ging sofort weiter zum Pilgerbüro, das noch geschlossen war. Nur drei italienische Pilger waren früher da als wir. Wir stellten uns pflichtbewusst in der kurzen Schlange an, um unsere Urkunde entgegenzunehmen und die Pilgerreise damit offiziell abzuschließen.

Es war ein bisschen wie auf einem Bürgeramt. Mehrere Schalter bedienten die Kunden. Nils ließ Jessi und mir den Vortritt, ich war damit Nummer fünf des Tages – von etwa 1.500 Pilgern. Ich wusste, dass ich nicht aus religiösen Gründen unterwegs war. Als ich jedoch im Anmeldeformular meine Gründe angeben musste, bemerkte ich, dass es neben „religiösen" auch die „religiösen/spirituellen" Gründe gab.

Nachdem ich aus dem Pilgerbüro gekommen war, wollte Jessi sofort sehen, wie die sportliche Urkunde aussehen würde. Zu ihrer Überraschung hielt ich wie sie die richtige *Compostela* in meinen Händen. Sie konnte es nicht fassen. Ich hatte doch felsenfest das Gegenteil behauptet. Aber ich hatte schließlich erkannt, dass es kein rein sportliches Unterfangen für mich war. Was auch immer „spirituell" bedeuteten sollte, ich fühlte mich davon angesprochen.

Auch wenn der christliche Glaube keine Voraussetzung für meine Pilgerschaft war, ging es mir offenbar um eine Sinnsuche. Ich nannte es vielleicht nicht „Gott", aber es war die Suche nach etwas Größerem. So ernüchternd die Ankunft für mich war, der Weg nach Santiago war etwas ganz Besonderes.

Als Nächstes stand der Gottesdienst auf der Tagesordnung. Unsere Rucksäcke verstauten wir in unserer Pension, da die Kathedrale aus Sicherheitsgründen nur ohne Rucksäcke betreten werden durfte.

Ich hatte keinen einzigen Gottesdienst auf dem Weg besucht. Nicht einmal im Kloster. Doch das riesige Weihrauchfass, das hier etwa 30 Meter durch den Kirchenraum geschwenkt wurde, war ein echter Hingucker. Als ich das Spektakel beobachtete, hielt ich es für ausgeschlossen, dass so etwas in Deutschland zugelassen wäre. Die meisten Pilger filmten diese Szene. Sogar Priester und Mönche zückten das Smartphone. Dies wiederum entsprach nicht meinem

Anstandsgefühl in einer Kirche. Ich hatte zudem die ganze Zeit Angst, dass jemand aus Unachtsamkeit von dem Fass erschlagen würde.

Für Pilger waren besondere Plätze in der Kathedrale reserviert, damit alles gut zu sehen war. In den Anfangsjahren der Santiago-Pilgerschaft hatte das Schwenken des Weihrauchfasses den Vorteil, dass der Gestank der Pilger übertüncht wurde.

Ich hatte meine *Compostela* aus spirituellen Gründen. Ohne es zu wissen, war ich Teil der größten Pilgergruppe, dicht gefolgt von den religiösen Pilgern, während der Anteil der rein sportlichen Pilger weniger als zehn Prozent betrug.

Nun stand das katholische Abendmahl, die Kommunion, beim Gottesdienst an. Und für Jessi, aber auch Nils, war klar, dass sie daran teilnehmen wollten. Ich war einer der wenigen Pilger, die sitzenblieben. Anders hätte ich es als eine Heuchelei empfunden. Und formal gesehen war ich als Protestant sowieso nicht zum Kommunionempfang berechtigt – auch wenn mir meine Religionszugehörigkeit niemand an der Nasenspitze ansehen konnte.

Jessi war besonders neugierig. Während sich die meisten Pilger die Hostie, die für den Leib Christi steht, vom Priester auf die Zunge legen ließen, nahmen andere sie ehrfürchtig mit den Händen entgegen, um sie selbst zum Mund zu führen. Jessi hingegen nahm die Hostie neugierig mit sich mit, um sie zu begutachten, vielleicht sogar als Andenken zu behalten. Die Kommunionausteilung in der Kathedrale wurde unterbrochen, der Priester und zahlreiche Gottesdienstbesucher schauten streng auf Jessi. Und auch ich dachte mir: „Was macht sie da?“ Mit einer hektischen Handbewegung vermittelte ich ihr, was zu tun sei. Sie lief hochrot an und führte die Hostie schnell zum Mund. „Hör auf zu lachen“, zischte sie mich an. Aber ich konnte nicht und erwiderte: „Ich habe das Abendmahl boykottiert, aber du hast es ruiniert. Gratulation!“

Nach dem Gottesdienst gingen wir zu den Gebeinen von Jakobus, die sich in einem edlen kleinen Sarg unter dem Hauptaltar befanden, und zuvor zu der prunkvollen Jakobusstatue. Fast alle umarmten die Statue ehrfürchtig. Mir ging das zu weit. Ich tippte den goldenen Jakobus nur kurz mit dem Zeigefinger an.

So unspektakulär ich unsere Ankunft fand, umso schöner war der weitere Tag. Mit meinen neuen Freunden verbrachte ich hier eine besondere Zeit. Doch der Abschied nahte. Matteo war mir in nur wenigen Tagen ganz besonders ans Herz gewachsen. Wir kannten inzwischen wichtige Familiengeschichten, sowohl die fröhlichen als auch die berührenden. Unsere Verabschiedung fiel mir schwer, aber sie war kurz und ohne großes Theater.

Am Abend zog ich mit Jessi und Nils durch die Tapas-Bars in Santiago. Sich mit ihnen zu betrinken, war weiterhin nicht möglich, weil sie am nächsten Tag in Richtung des sogenannten „Endes der Welt“ laufen wollten. Zeitweilig gesellte sich ein bekiffter Pilger zu uns. Ich hatte in ihm einen hübschen, wenn auch nervigen Trinkkumpan.

In den Gassen von Santiago trafen wir dann doch nochmal auf Leticia und Matteo. Leticia fand das sehr gut, denn Matteo hatte etwas Wichtiges vergessen. Sie stieß ihm mit dem Ellenbogen liebevoll in die

Seite. Matteo schaute schüchtern nach unten, kramte in seiner Tasche und drückte mir einen der Steine in Herzform in die Hand.

3
BIS ANS ENDE DER WELT

Der Pilgertod

Während Leticia und Matteo die Heimreise antraten, hatten Jessi und Nils noch genug Zeit, nach Finisterre zu laufen. Früher vermutete man hier, am vermeintlich westlichsten Zipfel Europas, da, wo die Sonne untergeht, das Ende der Welt.

Das Ende der Welt gilt im 21. Jahrhundert zwar nur noch als Metapher, aber als eine, die die Fantasie der Menschen beflügelt. Die Reise ans Ende und wieder zurück war auch für mich ein Sinnbild für Aufbruch und Abenteuer. Doch da mein Rückflug schon in zwei Tagen war, reiste ich mit dem Bus an und ab, so wie es viele Pilger tun, die sich spontan dafür entscheiden.

An der Bushaltestelle in dem durch den Fischfang geprägten Ort war es wuselig. Nicht weit weg war die Fischhalle, wo Restaurants den aktuellen Fang ersteigerten: Fische und Meerestiere in allen Farben, Formen und Größen. Und lebendiges Handeln und Treiben.

Ich entschied mich für eine Pension relativ nahe dem Ortskern und nahm ein Einzelzimmer mit eigenem Badezimmer. Auf Gemeinschaftsanlagen hatte ich keine Lust mehr.

Es war ein wunderschöner sonniger Tag. Der wolkenfreie Himmel versprach einen fantastischen Sonnenuntergang am Abend. Doch so lange wollte ich nicht auf das Kap Finisterre mit seinem Leuchtturm warten.

Während ich die drei Kilometer zum Kap, das sich außerhalb des Ortes auf einer schmalen ins Meer hinausragenden Landzunge befand, zu Fuß zurücklegte, reisten die zahlreichen Touristen mit Autos und Bussen an. Der vielgenutzte Parkplatz befand sich etwa 200 Meter vor dem Ziel. Zwar waren hier auch viele Pilger anzutreffen, aber sie bildeten die Minderheit. Ich ruhte in mir. Das Gewusel, die verbreitete Hektik

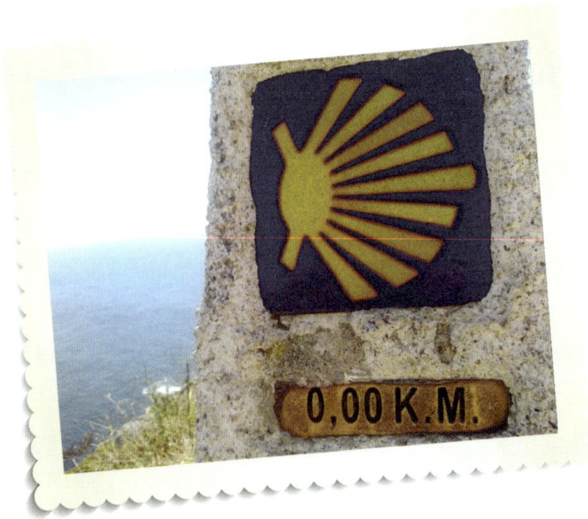

machten mir keinen Stress. Auch wenn ich das 90-Kilometer-Wegstück von Santiago mit dem Bus zurückgelegt hatte, ich machte mir bewusst, dass ich in nur drei Wochen fast 700 Kilometer zu Fuß gelaufen war.

Ich erinnerte mich, gelesen zu haben, dass die Pilger in früheren Zeiten hier Jakobsmuscheln sammelten, um ihre Pilgerreise zu dokumentieren. Strände gab es in Finisterre zu allen Seiten. Der Leuchtturm außerhalb des Ortes thronte jedoch in ungefähr 100 Meter Höhe auf einem felsigen Stück Steilküste. Zum Wasser konnte man von hier unmöglich kommen, ohne sich der Gefahr eines lebensgefährlichen Absturzes auszusetzen. Ich fühlte mich zwar wie ein Held, aber ich war kein Idiot.

—

Eine Legende überliefert, dass ein Ritter dem Schiff entgegenritt, das den Leichnam von Jakobus nach Spanien überführte. Das Pferd scheute bei dem Anblick der Leiche, und der Ritter fiel ins Meer. Der heilige Jakobus soll den Mann gerettet haben. Als er wieder auftauchte, war er mit einer bestimmten Muschelform bedeckt. So wurde die Jakobsmuschel das Schutzsymbol und Erkennungszeichen der Pilger nach Santiago.
Bis zum 13. Jahrhundert kauften die Pilger am Ziel ihrer Reise eine Jakobsmuschel. Diese diente als Beweis dafür, dass sie den Weg tatsächlich bewältigt hatten. Viele Pilger verlängerten ihre Pilgerreise und holten sich in Finisterre selbst eine Jakobsmuschel aus dem Meer. Manche Pilger ließen sich ihre Muschel später mit ins Grab legen.
Im Laufe der Jahrhunderte wurde die Jakobsmuschel offiziell von einer Urkunde abgelöst. Sie diente aber weiterhin als Erkennungszeichen für die Pilger.
Am Rucksack wollte ich nie eine Muschel tragen, da mich das Geklapper gestört hätte. Stattdessen hatte ich von Anfang an einen Aufnäher.
Bis heute dient das Symbol, eine gelbe stilisierte Muschel auf blauem Grund, als Wegweiser in ganz Europa. Dabei fungiert die Ausrichtung der Muschel teilweise sogar als eine Art Pfeil.

—

An einem Mast hingen Schuhe, Schlafsäcke, T-Shirts und andere Pilgerutensilien, die ihre Schuldigkeit getan hatten. Ganz in der Nähe waren kleine Feuerstellen. Der rußige Geruch lag noch in der Luft. Viele Pilger verbrannten hier ihre alten Kleidungsstücke, um einen Abschluss zu finden und in Neues aufzubrechen.

Ich hatte keine kaputte Kleidung, die ich hier zurücklassen konnte. Aber die Bilder und Gerüche berührten mich auch so. Ich bewegte mich ganz langsam und bewusst. Und zu meinen Füßen lag auf einmal eine kleine Muschel, keine Jakobsmuschel, aber eine Muschel. Wie war sie hier hochgekommen? Ich entschied, dass sie da für mich lag. Ich befreite sie vom Sand.

Nun wurde mir der Trubel doch zu viel. Ich zog mich hinter einen Felsenvorsprung zurück und begutachtete die Muschel, die auf meiner Handfläche lag und im Sonnenschein glitzerte. In nur einem Meter Entfernung hatten Menschen Fotos von verstorbenen Familienangehörigen hinterlassen. Und ich musste wie ein Schlosshund weinen. Das war der Moment, in dem ich beschloss, zukünftig wieder aufzubrechen.

Matteo hatte mir von seinen Erlebnissen auf der *Vía de la Plata* erzählt. Ein Weg, der nicht von Ost nach West führt, so wie es der Küstenweg und der populäre Inlandsweg *Francés* tun, sondern von Süd nach Nord. „Warum eigentlich nicht“, dachte ich mir.

Bis zum Sonnenuntergang waren es noch ein paar Stunden. Daher kehrte ich in mein Pensionszimmer zurück, um etwas zu ruhen. Schließlich verschlief ich den Sonnenuntergang. Es sollte einfach noch nicht sein, dass ich diesen hier erleben durfte.

Santiago war mein Ziel, fertig war ich in Finisterre. Bei meiner Rückreise war ich erfüllt von dem Gedanken, meine Erlebnisse den Menschen in der Heimat zu vermitteln. Die Muschel vom Ende der Welt wollte ich meinem Ex-Freund schenken.

Ich hatte viel mehr bekommen, als ich gesucht hatte. Darunter neue Freunde, die mein Leben und meine Sicht auf die Dinge bereicherten.

So gerührt ich war, umso trauriger wurde ich. Mein „Pilgertod" war unausweichlich. Spätestens mit der Ankunft in Finisterre musste ich meine Rolle als Pilger aufgeben. Doch das war nicht das Ende, sondern nur der Durchgang zu etwas Neuem.

Zurück in Deutschland

Der notwendige Rollenwechsel fiel mir schwerer als erwartet. Meine gewohnte Rolle in Berlin war mir fremd geworden. Doch es war leider nicht möglich, dauerhaft auf dem Jakobsweg zu verweilen und nur für mich selbst Verantwortung zu tragen.

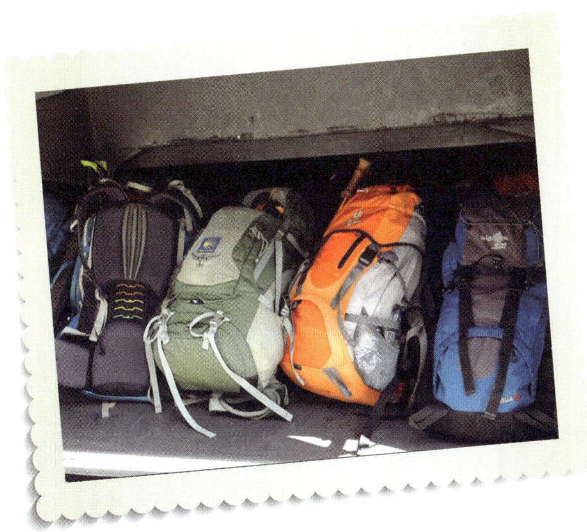

Bereits auf der Rückreise traf ich auf das politische Berlin. Alle Bundestagsabgeordneten waren aus der Sommerpause zurückbeordert worden. Grund war die Abstimmung über die Griechenlandhilfe. Die Regierungskoalition hatte keine eigene sichere Mehrheit, wie mir ein Bundestagsabgeordneter und eine ehemalige Ministerin beim Boarding in Madrid berichteten. So wichtig dieses politische Maßnahmenpaket war, so sehr interessierte mich nur mein Erscheinungsbild. Zwar erzählte ich sofort, dass ich gerade vom Jakobsweg käme. Aber ich befürchtete, dass ich einfach nur ungepflegt wirkte.

In Berlin gab ich mir keine Zeit für ein langsames Ankommen. Bereits am Tag nach meiner Ankunft arbeitete ich wieder. Eine vernünftige Integration meiner Erfahrungen in den Alltag war so nicht möglich.

Etwa zwei Wochen später hatte mein Ex-Freund Geburtstag. Ich hatte die Muschel vom Ende der Welt in einer Art Ringschachtel verpackt. Ich war davon überzeugt, dass ich ihm noch nie so etwas Bedeutungsvolles geschenkt hatte. Doch er nahm es nüchtern zur Kenntnis und bedankte sich förmlich. Als ich einige Monate später nachfragte, wo er die Muschel denn hingestellt habe, wusste er es nicht genau. Natürlich hatte er sie nicht weggeworfen, dafür liebte er es zu sehr, alles in Schubladen zu stopfen. Zwischen Energiesparlampen, Schraubenziehern und Nägeln lagerte irgendwo meine Muschel. Genau, es war „meine" Muschel. Ich hätte sie ihm nicht schenken dürfen. Aber sie zurückzuverlangen war keine Option, dann hätte er mich endgültig für verrückt erklärt.

Es verletzte mich sehr, dass er nicht einmal versuchte, die Bedeutung dieses Geschenkes zu erahnen. Es war halt eine Muschel, die sein Ex-Freund irgendwo gefunden hatte. Er konnte nicht verstehen, was ich ihm erzählen wollte.

Und ich konnte nicht verstehen, warum ihm meine Muschel nicht das bedeutete, was das Stein-Herz von Matteo mir bedeutete.

Andere Menschen zeigten sich interessierter. Ich bekam die Möglichkeit, von meinen Abenteuern zu berichten. Aber so richtig wollte auch hier kein Funke überspringen. Ich lernte, wie viele andere Pilger nach ihrer ersten Pilgerreise, dass es schwer möglich war, die eigenen Erlebnisse und Besonderheiten dieser Lebenserfahrung Nicht-Pilgern zu vermitteln. Aber es ging auch gar nicht darum, anderen etwas zu vermitteln, sondern herauszufinden, was der Camino für mich bedeutete.

Anfangs genoss ich es noch, nicht mehr ständig zwölf Kilogramm extra auf dem Rücken zu tragen. Zugleich fing mein Rücken ausgerechnet jetzt an zu schmerzen. Nicht, dass er nicht auch unterwegs an bestimmten Stellen geschmerzt hatte. Jetzt war meine körperliche Inaktivität schuld. Kaum Bewegung, zu viel Schreibtischarbeit, die aufgebauten Muskeln bildeten sich wieder zurück. Vor allem um meine schönen straffen Wanderwaden war es schade. Ich degenerierte zur Couch-Potato. Körperliche Beschwerden heilten weniger schnell. Ich fühlte mich wie ein Weichei.

Aber nicht nur körperliche Leiden plagten mich. Ich war auch wieder leicht reizbar und gestresst. Die Arbeit war erdrückend. Während meiner Abwesenheit war in der Sozialen Arbeit in ganz Deutschland Chaos ausgebrochen, hunderttausende Geflüchtete mussten versorgt werden. Insbesondere das Bundesland Berlin war damit überfordert. Wo der Staat versagte, musste die Zivilgesellschaft einspringen. Homosexuelle und transgeschlechtliche Geflüchtete wurden Opfer von Bedrohungen, Körperverletzungen und Vergewaltigungen in den Massenunterkünften. Als ob sie in ihren Herkunftsländern und auf der Flucht nicht schon genug hatten ertragen müssen.

Und was war mit mir? Pilgern entpuppte sich als kein bloßer Ortswechsel. Egal ob Sinnsucher oder Abenteurer, ich kehrte anders zurück. Vielleicht mit ein paar Vorurteilen weniger, ganz sicher mit neuen Ideen. Ich hatte zum Beispiel gelernt, dass ich mit weniger materiellem Besitz auskommen konnte. Zuhause reduzierte ich meinen Besitz daher auf ein Minimum. Dieser radikale Minimalismus führte dazu, dass es in meiner Wohnung hallte, wenn jemand sprach. Ich hatte also ganz schön übertrieben. Und auch wenn alles schön übersichtlich war, mein Wohlbefinden steigerte das nicht. Vielmehr war es unwohnlich geworden in meinem Zuhause.

Ich fragte mich daher, ob etwas von dem bleibt, was auf dem Weg war. Da ich meine Muschel verschenkt hatte, waren meine Erfahrungen das einzig Relevante, das ich mitgenommen hatte. Als zurückgekehrter Pilger suchte ich unbewusst nach jemandem, mit dem ich mich austauschen konnte. Ich brauchte dringend eine Person, die Ähnliches erlebt hatte.

Es gibt Personen, die sich einfach nehmen, was sie wollen. Ohne Rücksicht auf andere. Meist sind es

Männer. So ein Typ saß mir morgens in der S-Bahn gegenüber. Breitbeinig beanspruchte er den Platz für zwei. Ich war sichtlich genervt. Ich holte meinen gelben Pilgerführer aus meiner Tasche heraus, um in Erinnerungen zu schwelgen. Dies nahm der 20-Jährige, der inzwischen nicht mehr ganz so breitbeinig dasaß, zum Anlass, mich anzusprechen. Es folgte ein angeregtes Gespräch zwischen zwei Pilgern. Und als er schließlich aussteigen musste, wünschte er mir zum Abschied einen „Buen Camino“. Zehn Minuten vorher mochte ich ihn nicht, jetzt bestand ein gegenseitiges Wohlwollen füreinander. Wie schnell es doch möglich war, Vorurteile abzubauen, die Sicht auf die Dinge aufgrund eines kleinen Schlüsselreizes zu ändern.

Ich vermisste die gelben Pfeile im Alltag. Sie hatten mir auf dem Camino jeden Tag den Weg gewiesen, und ich konnte auf sie vertrauen. Doch es war nicht möglich, meinen Weg zur Arbeit mit gelben Pfeilen zu pflastern.

Ich versuchte es mit anderen Stimulationen, so zum Beispiel mit kaltem Rotwein. Auf dem Jakobsweg wurde Rotwein immer kalt serviert, obwohl sich erst bei Zimmertemperatur sein voller Geschmack entfaltet. Es genügte ein Schluck kalter Rotwein, und ich fühlte mich wieder wie auf dem Jakobsweg. Da ich nicht zum Alkoholiker werden wollte – der regelmäßige Weinkonsum war vielleicht etwas zu umfangreich während der Pilgerschaft –, war auch dies keine Lösung.

In die Fremde gehen, führte unweigerlich dazu, bei mir selbst anzukommen. Doch was fand ich dort vor? Gefangen im täglichen Hamsterrad konnte ich diese

Frage nur schwer beantworten. Ich wusste nur, dass es in meinem Leben viel weniger gab, vor dem ich mich tatsächlich fürchten musste.

4 TAUSEND KILOMETER ZU MIR SELBST

Niemand geht den Weg zufällig

Es war ein typischer trüber Berliner Wintertag. Kein Schnee. Grauer Betonhimmel. Depressionswetter. Und der Geburtstag meiner großen Schwester Anne. Heute wäre sie 37 Jahre alt geworden. Der 3. Februar war ein besonders schwerer Tag für unsere Eltern. Der gemeinsame Friedhofsbesuch gab ihnen und den Schwiegereltern meiner Schwester Kraft, damit sie gemeinsam um ihre Kinder trauern konnten, die wenige Jahre zuvor bei einem Autounfall ums Leben gekommen waren.

Ich beteiligte mich nicht an den gemeinsamen Friedhofsbesuchen in Sachsen. Stattdessen besuchte ich die Gedächtniskirche in Berlin und zündete zwei Kerzen an. Eine für Anne und eine für ihren Lebenspartner Stefan.

Zu Hause angekommen, konnte ich mich unmöglich in meinen Fernsehsessel fläzen, um – wie ich es immer nach der Arbeit tat – Netflix zu schauen. Ich durchstöberte mein Bücherregal. Ein Buch von Annes norwegischem Lieblingsautor *Jostein Gaarder* schien mir genau die richtige Lektüre zu sein. Und ehe ich mich versah, war ich von „Das Orangenmädchen“ (Oslo 2003, Titel der norwegischen Originalausgabe „Appelsinpiken“) gefesselt. Eine rührende Geschichte über die Liebe eines Vaters gegenüber seiner Frau und seinem Sohn – und das viele Jahre über seinen Tod hinaus. Kurz vor Ende des Buches wechselte der Handlungsort von Oslo, die Stadt mit der meine Schwester sehr verbunden war, ins spanische Sevilla. Mit dieser andalusischen Stadt verband mich bis dahin nichts. Aber in wenigen Wochen wollte ich auf Empfehlung meines Pilgerfreundes Matteo genau dort meinen nächsten Camino starten. Der Flug war bereits gebucht. Und jetzt wurde mir die malerische Schönheit dieser Stadt mit dieser bezaubernden Liebesgeschichte vorab nähergebracht – und das ganz unerwartet.

—

In Sevilla beginnt die von Süd nach Nord verlaufenden *Vía de la Plata*. Die alte Römerstraße wurde im Laufe der Jahrhunderte ein Pilgerweg nach Santiago. Der Weg mündet in Astorga in den beliebten *Camino Francés*. Doch viele Pilger ziehen den *Camino Sanabrés* über Ourense vor, der bei Granja de Moreruela abzweigt und auf dem man bis Santiago von den Pilgermassen verschont bleibt.
Vía de la Plata **heißt übersetzt „Silberstraße“. Und in der Tat bauten die Römer ab dem zweiten Jahrhundert vor Christus im Norden der Iberischen Halbinsel wertvolle Metalle ab, die sie über die Nord-Süd-Verbindung nach Sevilla brachten und anschließend verschifften. Allerdings handelte es sich um Gold und Zinn, nicht um Silber. Der Weg wurde durch die Römer vor nahezu**

zweitausend Jahren verbreitert und gepflastert, wovon heute noch viele Spuren zeugen. Die maurische Bezeichnung „Bal'latta" für den „gepflasterten Weg" wurde wohl später zu „de la Plata".

—

Einen Monat nach dem Geburtstag von Anne stand ich am verschlossenen Kathedraltor in Sevilla. Ich drückte mein Gesicht gegen die Eisenstangen, um einen Blick auf die im Buch beschriebenen Orangenbäume im Hof der Kathedrale zu erhaschen. Ich war vom ersten Moment an verliebt in diesen Ort und fühlte mich meiner Schwester acht Jahre nach ihrem Tod sehr nah.

Es gibt Lebensphasen, da möchte man an Gott oder Wunder glauben. Meinen Eltern ging es so nach dem Tod meiner Schwester. Ich hingegen hatte große Wut auf die Welt. Aber in Sevilla fühlte ich mich beseelt.

Ich blieb hier nur einen Abend, denn am nächsten Tag ging es schon auf den Jakobsweg.

Der Weg begann direkt vor der Kathedrale. Den Startpunkt hatte ich bereits am Vorabend ausgemacht. Doch wo war am nächsten Morgen bei Tageslicht auf einmal die Kathedrale? Lächerlich, ich konnte sie nicht mehr finden. Am Abend war ich den Menschenströmen gefolgt. Doch nun waren die Gassen leer und zugleich so eng, dass keine Fernsicht möglich war. Ich war nur wenige hundert Meter von dem riesigen Bauwerk entfernt. Aber ich konnte es nicht sehen.

An mir eilte ein Student vorbei, der meinen hilflosen Gesichtsausdruck erkannte. Der junge Amerikaner lief – da er spät dran war – schnellen Schritts zum Gottesdienst und nahm mich kurzerhand mit. Es war nicht irgendein Sonntag, sondern Palmsonntag, der erste Tag der Heiligen Woche der Kar- und Ostertage, *Semana Santa*. Die Osterstimmung war bereits am Vorabend zu spüren.

Nun war ich endlich auf dem Jakobsweg, und die ersten Pfeile wiesen mir den Weg. Nach nur 200 Metern rief mir ein älterer Herr „Buen Camino“ zu. Er war der Erste, der mich als Pilger identifizierte – bis dahin war ich nur irgendein Rucksacktourist. Dieser Gruß tat wieder so gut. Ich wurde erkannt, wer ich bin, ein Mensch auf der Suche.

Am Ortsausgang von Sevilla stand, dass es ab hier bis Santiago tausend Kilometer sind. Mindestens die Hälfte der Strecke wollte ich schaffen, wenn es gut laufen würde, bis Salamanca kommen. Andere Pilger hatte ich noch nicht gesehen. Und plötzlich überholte mich ein kleiner rundlicher Mann mit einem großen Rucksack. Mit seinem Schritt konnte ich nicht mithalten, also lief ich alleine weiter. Warum war der einzige Pilger weit und breit so hastig unterwegs?

Schön fand ich es außerhalb von Sevilla nicht. Eine karge Landschaft. Viel Müll. Ein flacher, wenig abwechslungsreicher Weg. Kaum Schatten. Es war zwar erst März, aber die Sonne hatte hier in Andalusien schon eine enorme Intensität. Und ich war ohne Sonnencreme unterwegs.

Am meisten faszinierten mich die liebgewonnenen Orangenbäume, an denen pralle Früchte hingen. Also pflückte ich mir eine als leichten Mittagssnack. Ich hatte zwar von der Schönheit der Orangenbäume gelesen, aber nicht, dass die bittere und saure Sevilla-Orange im Rohzustand nicht schmackhaft ist. Na ja, zumindest dufteten die Orangen gut.

So schön Sevilla auch war, dem Weg konnte ich den ganzen Tag nicht viel abgewinnen. Und ich kam, obwohl es keine Berge gab, irgendwie nicht voran. Als ich nach 25 Kilometern endlich mein Tagesziel erreichte, lauerte ein braun gebrannter Spanier am Wegesrand. Mitten im Nichts lehnte er gegen einen der wenigen Bäume und steuerte zielgenau auf mich zu. Er schwatzte mir einen Schlafplatz auf. Ich war ein bereitwilliges Opfer. Ich stellte mich nicht als „Jörg“ vor, sondern als „Jorge“, die spanische Variante meines Namens. Der junge Mann und die Herbergsmutter amüsierten sich, da ich eindeutig kein spanischer „Jorge“ war.

In der Herberge waren auch zwei andere deutschsprachige Männer. Beide schwul. Ich hatte auf dem Weg noch nie schwule Pilger kennengelernt. Aber dieser klischeehaft muskelbeladene Österreicher und dieser elegante Münchner konnten es nicht verbergen.

Wie es auf dem Camino üblich ist, waren wir ab sofort eine kleine Pilgergemeinschaft. Wir wuschen unsere Wäsche zusammen und aßen im gleichen Restaurant zu Abend. Und egal wo wir auftauchten, war schon der junge Spanier da, der gefühlt ein halbes Dutzend Aushilfsjobs hatte, sei es als Unterkunftsvermittler, als Restaurantgehilfe oder Plakatierer. Mit einem breiten Grinsen auf dem Gesicht rief er durchs Restaurant, über die Straße oder wo auch immer wir uns trafen „Hola Jorge“. Er freute sich von ganzem Herzen, mich wiederzusehen, vielleicht zog er mich auch ein bisschen auf.

Die beiden Mitpilger hießen Frank, das war der elegante Münchner, und Matthias, der Muskelmann aus

Wien. Wie sich in den nächsten Tagen herausstellte, hatten beide mich und den jeweils anderen auch als schwul identifiziert. Das Lustige war, sie waren es nicht. Wir hatten also zwei heterosexuelle Comingouts auf dem Weg. Ich nahm es mit Fassung.

Mit Matthias hatte ich einen besonders anhänglichen Pilger an meiner Seite. Tagsüber wollte er häufig mit mir laufen, was ich jedoch durch besondere Langsamkeit und ständige Pausen vermeiden konnte. Er hielt mich deswegen für einen ziemlichen Schwächling, aber das kratzte wenig an meinem Stolz. Ich musste weder dem Muskelmann noch jemand anderem etwas beweisen.

Auch in der nächsten Nacht waren Frank, Matthias und ich in der gleichen Herberge untergekommen. Ein nettes Schweizer Ehepaar, das wir inzwischen kennengelernt hatten, bevorzugte die nahe gelegene Pension. Stattdessen leistete uns eine verrückte alte Spanierin im Schlafsaal Gesellschaft. Sie machte einen sehr ungepflegten Eindruck und schrie nachts im Schlaf. Frank schlief wie ein Murmeltier. Matthias hingegen war am nächsten Morgen fix und fertig.

Wir hatten an diesem Tag mindestens 30 Kilometer bis zum nächsten Bett zu meistern. Und der erste Teil des Wegabschnitts führte 16 Kilometer auf einer Landstraße entlang. Ich war darauf mental überhaupt nicht vorbereitet. Die fast vier Stunden auf der Straße kotzten mich einfach nur an.

Das Paar aus der Schweiz machte es genau richtig, schlief aus und nahm für den ersten Part bis zum Naturschutzgebiet ein Taxi. Zum einen waren ihnen 30 Kilometer zu viel, zum anderen wollten sie sich die Landstraße ersparen. Leider erfuhr ich erst nachträglich von dieser Taxi-Option, sonst wäre ich sicher mit eingestiegen. Für Matthias kam so etwas überhaupt nicht infrage. Denn Pilger laufen. Auch Frank störte die Straße nicht. Er hatte gut geschlafen und machte grundsätzlich einen sehr entspannten Eindruck.

Mich langweilte dieses Stück der Tagesetappe sehr. Ich begann die Meter zu zählen. Die Sicht aus dem Taxi auf uns, so die Schweizer später beim Abendessen, war sehr amüsant. Ganz hinten war die verrückte Alte. Etwa nur einen Kilometer vor ihr war ich. Ich saß auf einer Leitplanke und stopfte eine Tafel Schokolade in mich hinein. Eineinhalb Kilometer vor mir war Matthias, der hochmotiviert voranschritt und sich zugleich immer wieder umdrehte, wo ich denn bleiben würde. Und fast zwei Kilometer vor Matthias war Frank. Es sah so aus, als ob er schlendern würde. Tatsächlich war der groß gewachsene Münchner schnellen Schrittes unterwegs, ohne bemüht zu wirken.

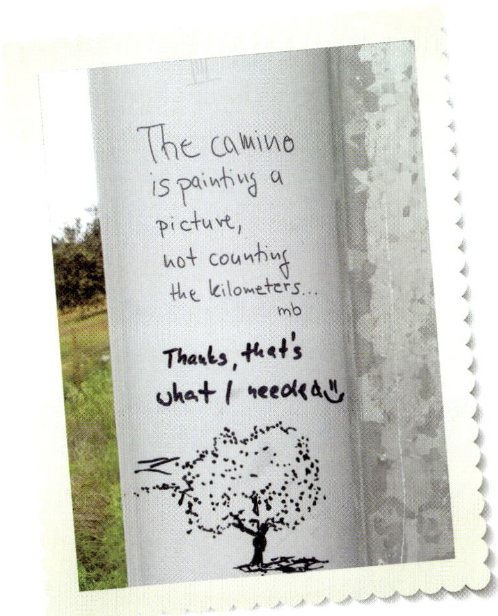

Matthias war einerseits ein lieber Kerl, andererseits plapperte er viel dummes Zeug. Er regte sich über Frauen in Polizeidienst, Armee und Kirche auf. Solche frauenfeindlichen Aussagen bestärkten Frank lange Zeit in seiner Einschätzung, Matthias sei schwul. Über diese These konnte ich nur lachen.

Ebenso schwierig war Matthias' Meinung zum Thema Sexualität. Er lebte selbst zölibatär, aus der festen Überzeugung heraus, dass man nur durch Verzicht auf Sex zu geistiger Größe erwachsen könne. Zudem war er ein großer Fan des früheren Papstes Benedikt XVI., über den ich wiederum sehr schimpfte. Matthias und ich wollten uns darüber nicht zerstreiten. Wir wechselten das Thema. Auch wenn wir sehr unterschiedlich waren, hatten wir großen Respekt voreinander.

Die Anhänglichkeit von Matthias fand ich zunehmend nervig. Dass er eines Abends am Ortseingang auf mich wartete, um mich zur Pilgerherberge zu führen, war lieb gemeint, aber definitiv zu aufdringlich. Ich hatte mich bereits für ein Einzelzimmer in einer Pension entschieden. Für Matthias war ich damit kein „richtiger Pilger". Ich hingegen genoss die Privatsphäre mit eigenem Badezimmer und hundertprozentiger Kontrolle über den Lichtschalter im Schlafraum.

Es dauerte ein paar Tage, bis ich mich auf der *Vía de la Plata* eingelebt hatte. Der Weg war weitaus weniger abwechslungsreich als der hügelige *Camino del Norte.* Aber die Schlichtheit der *Vía* tat meiner Seele zunehmend gut. Und die schwarzen Schweine, für die die Region Extremadura – die wir inzwischen durchschritten – bekannt ist, brachten mein Herz zum Lachen. Sie quiekten vergnügt, wenn ich sie am Wegesrand fütterte.

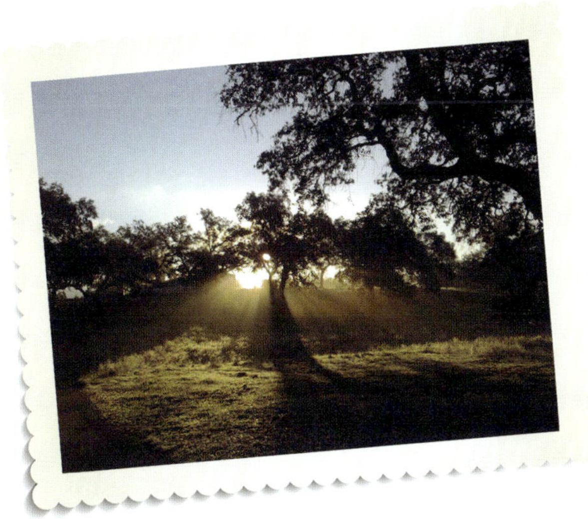

Landschaftlich verzauberten mich die alten Korkeichen und Steinmauern. Ohne meinen Pilgerfreund Matteo wäre ich nie dazu gekommen, diesen Weg als Pilger zu entdecken. Ich meinte mich zu erinnern, dass er mir begeistert von der *Vía de la Plata* berichtet hatte, ein Pilgerweg, der nur von etwa drei Prozent der Pilger gelaufen wird. So dankte ich ihm per WhatsApp – ja, ich hatte endlich ein internetfähiges Smartphone dabei – für diese Empfehlung. Doch seine Antwort verwirrte mich. Er dankte mir für die Nachricht und meinte, dass er diesen Weg dann wohl auch mal laufen müsse. „Laufen müsse?" Er hatte mir doch schon so viel davon erzählt. Das war jedoch ein großes Missverständnis. Er hatte sein Wissen nur aus einem Buch, welches ihm eines Abends in einer Pilgerherberge in die Hände gefallen war. Aber wer hatte mir dann so detailliert von der *Vía* vorgeschwärmt? Oder bildete ich mir das nur ein? Erst

Jahre später fand ich heraus, dass Nils es war, der mich so nachhaltig inspiriert hatte.

Wie auch immer ich hierhergekommen war, meine innere Stimme sagte mir, dass niemand einen Jakobsweg aus Zufall geht. Hier zu sein, fühlte sich zunehmend richtig an.

Da ich ausnahmsweise auch mein Diensthandy dabeihatte, ärgerte ich mich gleichzeitig über Geschehnisse in Berlin. Warum belastete ich mich hier mit diesen banalen Alltagssorgen, auf die ich jetzt auf dem Jakobsweg sowieso keinen Einfluss hatte? Das sah auch mein Pilgerfreund Frank so, der sich als Unternehmensberater sein Geld verdiente. Hier gab es doch so viel zu genießen. Die Ruhe des Weges. Die netten Menschen. Und die feierliche Stimmung in den Orten während der *Semana Santa.* Und schließlich lösten sich die aufgebauten Verspannungen des Alltags doch noch.

Die Pilgerreise wurde zum Gegenpol zum Alltag, der vollgestopft war von lächerlichen Nichtigkeiten. Die Reduktion von Reizen half mir, mich wieder auf die wirklich wichtigen Dinge zu besinnen.

Eines Abends, als ich in einem kleinen Dorf ankam, läuteten genau in diesem Moment die Kirchenglocken. Niemand war zu sehen. Nur ich und die leeren Gassen. Und auf einmal ein riesiger Menschenpulk direkt vor der Kirche. Alle Dorfbewohner, von den älteren Menschen bis zu den Kindern, hatten ihre feinste Kleidung an. Und ich war voller Staub und nass vom Schweiß. Ich drängte mich mit meinem überladenen Rucksack durch die Menschenmassen, da ich nur noch ins Hotel wollte. Eine ältere Dame musterte mich kritisch. Ohne dass es beabsichtigt war, drängte ich mich an die Spitze der Osterprozession. Ich bemerkte dies zunächst gar nicht, da ich einfach nur an den vielen Menschen vorbei wollte. Als ich mich jedoch umdrehte, lief direkt hinter mir das ganze Dorf.

Der berufliche, gesellschaftliche oder familiäre Status hatte auf dem Jakobsweg keine Bedeutung, hier waren alle gleich. Meine Geschichte von der Prozession bestätigte aber auch Franks These, dass ich „eine Rampensau“ sei, jemand, der nie ein bloßer „Mitläufer“ sein könnte. Schließlich war es Franks Job, die berufliche Rolle von Menschen zu analysieren. Dass ich am liebsten nur meine Ruhe wollte, mochte er mir daher nicht glauben.

Frank war nicht auf den Mund gefallen. Ich schätzte seine direkte Art sehr. Doch als seine charmante Frau Alice zu uns stieß – sie wollte nur einen Teil des Weges laufen – war sogar der selbstbewusste Frank nur noch „der Mann von Alice“. Alice war ein fremdsprachengewandter Menschenmagnet. Innerhalb kürzester Zeit wuchs unsere Gruppe zu einer internationalen Pilgergemeinschaft heran. Wo kamen auf einmal all die Menschen her, die ich vorher nicht wahrgenommen hatte?

Insbesondere zur großen Freude einer krebskranken norwegischen Pilgerin organisierte Alice spektakuläre Dinge wie ein Spanferkelessen. Wir feierten die schönen gemeinsamen Momente. Die Härten des Lebens waren damit nicht vergessen, aber sie waren weniger präsent.

¡Buenos días! Ich spreche kein Spanisch

Wie immer im Ausland ist es von Vorteil, die Landessprache zu sprechen. Vorab: Ich kann kein Spanisch. Aber inzwischen hatte ich mich soweit mit der Sprache vertraut gemacht, dass ich diverse Grußformeln und die Namen von Speisen und Getränken beherrschte.

Während unter Pilgern die Verständigung auf Englisch üblich war, funktionierte diese Art der Verständigung mit den Einheimischen häufig eher weniger gut.

Italiener und Spanier verstanden die Sprache des jeweils anderen gut. Mit uns Deutschen war das aufgrund der fehlenden Sprachverwandtschaft nicht möglich. Allein schon aus sprachlichen Gründen entstand daher schneller ein Austausch mit deutschsprachigen Menschen, die auf der *Vía* anteilig stark vertreten waren.

Ich pilgerte durch die naturbelassene Extremadura. Stundenlang, mitunter den ganzen Tag, keine andere Seele. In meinem Fall lief für mehrere Tage nur ein stolzer Katalane aus Barcelona im gleichen Takt wie ich. Sogar Frank hatte ich zeitweise hinter mir gelassen. Der ältere Spanier war gut organisiert. Sein Bett konnte man am Abend daran identifizieren, dass seine mitgebrachten Hausschuhe parallel zueinander ausgerichtet davorstanden. Am Abend gab es für ihn nur einen gemischten Salat, statt eines fetten Pilgermenüs. Sein Bart war immer gepflegt. Er war etwa 70 Jahre alt und sportlich schlank.

Auch wenn der ältere Herr sehr gut allein klarkam, so mochte er sich ab und zu unterhalten. Ich war verhältnismäßig zurückhaltend, weil er nur Spanisch sprach und ich wenig Lust auf anstrengende Gespräche verspürte. Doch er reduzierte seine Sprache dahingehend, dass er deutlich und langsam sprach und kurze Sätze verwendete. Seine Fragen konnten in der Regel mit „Ja“ und „Nein“ beantwortet werden, sodass das Fehlen eines aktiven Wortschatzes meinerseits nicht ins Gewicht fiel. Manchmal liefen wir eine Stunde nebeneinander, ohne dass etwas gesagt wurde. Wir ließen die Ruhe der Landschaft, den mystischen Nebel und so manche tierische Begegnung mit Schweinen, Kühen und Schafen auf uns wirken.

Wir kamen sehr gut miteinander aus. Wir benötigten nur wenig gesprochene Sprache. Zugleich waren unsere Gespräche nicht auf ein oberflächliches „Woher kommst du?“ begrenzt. Unsere Emotionen teilten wir uns häufig auch durch unsere Körpersprache mit.

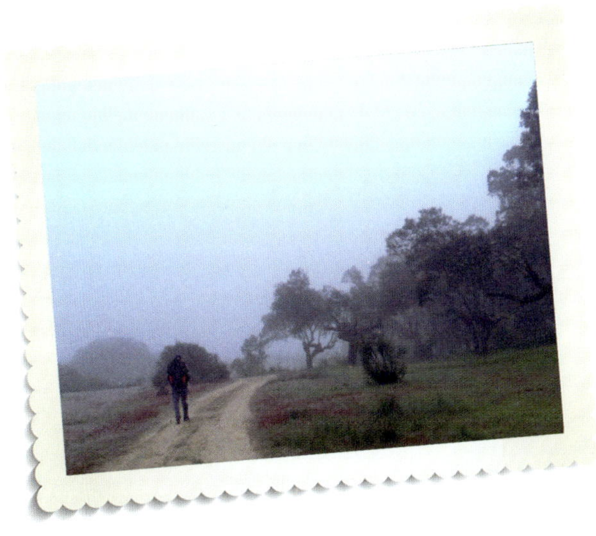

Da der ältere Herr aufgrund der großen Distanzen ab und zu ein Taxi nahm, sahen wir uns beide eine Weile nicht mehr. Ich war der Überzeugung, dass er mir davongefahren war. Er hingegen ging davon aus, ich sei ihm davongelaufen.

Inzwischen hatte ich zwei nette Belgier kennengelernt. Als wir eines Abends in einer privaten Herberge mit familiärem Flair angekommen waren, standen sie da, die Hausschuhe des älteren Katalanen.

Meine belgischen Pilgerfreunde beherrschten die spanische Sprache erheblich besser als ich. Schnell kamen sie mit dem Spanier ins Gespräch. Ich konnte sprachbedingt nicht folgen und kümmerte mich stattdessen um meine Wäsche. Einige Minuten später riefen mich die Belgier zu der Herrenrunde. Ich ging davon aus, dass sie sich über die morgige Tour austauschen und gegebenenfalls einen Blick in mein Buch werfen wollten. Schließlich galten die Pilgerbücher der Deutschen als die detailreichsten. Stattdessen baten sie mich um eine Übersetzung ihres Gespräches zu einem anderen Thema. Ich schaute sie verdutzt an, da ich dafür sehr ungeeignet war. Dies wiederum überraschte den älteren Herren sehr, denn er hatte meinen beiden belgischen Pilgerfreunden erzählt, dass mein Spanisch so gut sei.

Die Situation war mir sehr peinlich. Ich kam mir vor wie ein Schwindler. Einer, der mit anderen einen Spaß gemacht hat. Während des gemeinsamen Pilgerns und aufgrund des guten Miteinanders hatte ich tatsächlich den Eindruck hinterlassen, ich könne die Sprache.

Ich hatte mit meinem freundlichen „¡Buenos días!“ schon häufig den Eindruck erweckt, ich könne

Spanisch. Aber nach zahlreichen Gesprächen war das hier etwas ganz anderes. Der alte Spanier schaute mich nun sehr kritisch an, da er nicht wusste, was er von diesem Missverständnis halten sollte. Ihm missfiel sowieso sehr, dass hier kein anderer Pilger seine Sprache sprach. Obwohl wir in seinem Land waren, sprachen fast alle Anwesenden Deutsch.

Der Katalane lief wie ich den Großteil des Tages allein auf dem Weg und freute sich daher abends auf die anderen Pilger und Gespräche. Wir sprachen vielleicht nicht viele Worte, aber wir hatten uns einiges zu sagen. Ganz anders als in meinem beruflichen Alltag im politischen Berlin, wo häufig viel geredet oder geschrieben wurde, um letztendlich wenig zu sagen.

Tagsüber in der Einöde, wenn ich mich unbeobachtet fühlte, sang ich gern aus vollem Herzen das Lied „Pilger sind wir Menschen“:

„Pilger sind wir Menschen, suchen Gottes Wort,
unerfüllte Sehnsucht treibt uns fort und fort.“

Oder ich lauschte der Stille und ließ mein Herz zu mir sprechen – auch diese Sprache musste ich erst wieder lernen.

Luxusartikel im Gepäck

Die *Vía de la Plata* wurde unerwartet einer meiner Lieblings-Jakobswege. Auf dem Weg müssen nur wenige Höhemeter bewältigt werden, zugleich sind die mitunter sehr langen Tagesetappen von 35 Kilometern und mehr eine Herausforderung. Hier irgendwo im Nichts fand ich eine weite Landschaft und viel Ruhe vor.

Du lernst ein Land erst richtig kennen, wenn du es zu Fuß durchquerst. Die Existenz der Region Extremadura war mir lange unbekannt, nun durchschritt ich sie, Kilometer für Kilometer. Das Durchqueren verschiedener Landschaften half mir bei der Besinnung.

Mir wurde schnell klar, dass man den Weg auf gar keinen Fall im Sommer laufen sollte. Insbesondere auf den ersten 500 Kilometern kann die Hitze für Pilger lebensbedrohlich sein. Aber auch das Frühjahr ist manchmal unberechenbar. So wurde ich zunächst von der kraftvollen Sonne und wenige Tage später von Schnee und Eiseskälte überrascht. Kleidungstechnisch war ich darauf nicht eingestellt. Eine richtige Jacke hätte mein Leid erheblich mildern können, mein Fleece-Oberteil war eindeutig zu dünn. Ich war jeden Tag froh, wenn gegen Mittag die Pfützen auftauten und ich nicht weiter frieren musste.

Beim Pilgern war ich allen Naturgewalten ausgesetzt. Auch wenn ich meinte, mich beim Gepäck auf das Wesentliche reduziert zu haben und sogar einiges – wie Mütze und Handschuhe – vermisste, war mein Pilgerrucksack dennoch wieder viel zu voll, sodass einige Dinge außen rumbaumeln mussten.

—

Der Rucksack eines Pilgers kann als Sinnbild für die Erfahrungen und Erwartungen gesehen werden, die er mit sich herumschleppt. Niemand kann uns diesen dauerhaft abnehmen. Wir können den Rucksack zwischendurch abstellen, wenn er uns zu schwer wird. Wir können Sachen herausnehmen und dazupacken. Tragen müssen wir unseren Rucksack aber selbst.

—

Nicht nur der Inhalt, sondern auch die Funktionsweise des Rucksacks war beachtenswert. Ich lernte meinen Rucksack Stück für Stück kennen. Als mich ein anderer Pilger fragte, wie ich meinen Rucksack eingestellt habe, erwiderte ich ehrlich: „Man kann den Rucksack verstellen?“ Ich hatte mir nie Gedanken über die vielen Schnallen gemacht. Ich empfand sie als optisch nette Ergänzung ohne nähere Funktion. Zwar war mein Rucksack bereits über tausend Kilometer mein verlässlicher Begleiter, aber bis auf den Bauchgurt, durch dessen Feststellung die Last von den Schultern auf die Hüften verteilt wurde, veränderte ich gar nichts. Es war ja nicht mal mein Rucksack, sondern der Rucksack von Michael, einem engagierten Ehrenamtler, den ich durch meine Arbeit kannte. Auch der militärgrüne Poncho war von ihm. Als ich ihm die Dinge abkaufen wollte, lehnte er ab. Als ich sie ihm zurückgeben wollte, lehnte er auch ab. Es war eine Dauerleihgabe, die ich – ebenso wie den Weg und mich selbst – Stück für Stück kennenlernte. Und es gab keine Pilgerreise, bei der ich nicht weitere Funktionen des Rucksacks entdeckte. Aber solange alles gut funktionierte, musste ich auch nichts verändern.

Viel notwendiger war die Auseinandersetzung mit dem Rucksackinhalt. Was für den einen eine Last ist, ist für den anderen eine Bereicherung und Luxus. Der Rucksack von Frank war besonders mächtig, er war nicht nur groß, sondern auch sehr schwer. Und zugleich litt Frank nicht darunter. Frank war dem Gewicht gewachsen, es belastete ihn nicht.

Ich hatte natürlich verschiedene Packlisten in Büchern und im Internet zur Perfektionierung studiert.

Und immer wieder tauchte darin „ein Kondom“ auf. Obwohl ich den Weg nicht mit Sexualität verband, hatte ich gleich mehrere davon dabei. Der zölibatäre Matthias fand das vollkommen absurd. Und mein bester Freund Kristian in der Heimat, mit dem ich regelmäßig telefonierte, bezeichnete mich als „Wanderhure“.

—

Im Spätmittelalter wurden viele verurteilte Verbrecher zur Strafe auf eine Pilgerreise geschickt. Einhergehend damit verrohten die Sitten auf dem Jakobsweg. In der Kathedrale von Santiago soll es sogar zu Schlägereien gekommen sein. Immer mehr Betrüger, Taschendiebe und Prostituierte ließen sich am Weg nieder. Die ursprüngliche Pilgeridee wurde ad absurdum geführt. Damals entstand die Redensart: „Du gehst als Pilger und kommst als Hure zurück.“

—

Matthias hatte generell eine sehr strenge Sicht auf die Dinge. Abweichungen bereiteten ihm Unbehagen. Und ich brauchte mehr Zeit für mich allein. In nur drei Tagen lief ich voller innerer Unruhe sage und schreibe 130 Kilometer. Der ehrgeizige Matthias blieb dabei auf der Strecke. Frank hingegen hielt im entspannten Schlenderschritt mit. Seine Frau Alice nahm ab und zu das Taxi und meinte regelmäßig zu Frank und mir: „Ihr seid doch bekloppt.“

Alice machte die herrlichsten Unterkünfte für kleines Geld klar, so auch im wunderschönen Salamanca, meinem ursprünglichen Ziel dieser Pilgerreise. Aufgrund des raschen Vorankommens beschloss ich aber kurzerhand, 70 Kilometer weiter bis nach Zamora zu laufen.

Während ich es auf all meinen Wegen anderenorts genoss, die schönen Dörfer und Städte gleich am nächsten Morgen – also dann, wenn es am schönsten ist – wieder zu verlassen, hatte Salamanca mich mit seiner Kathedrale, seinen im Krieg unbeschadet gebliebenen historischen Gebäuden, seiner Universität und seinem lebendigen Nachtleben in seinen Bann gezogen. Ich machte hier einen Tag Pause.

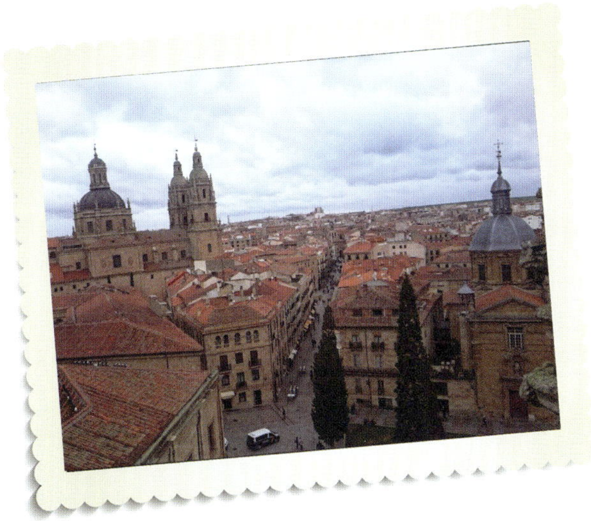

So langsam bekam ich auch mit, was in Franks Rucksack alles war. Warum hatte er eine Espressokanne aus Alu dabei? Da der Café con leche in fast jeder spanischen Dorf-Bar hervorragend schmeckt, überzeugte mich das wenig. Seine Shoppingtouren mit Alice trugen darüber hinaus zu einer Vervielfältigung seines Kleidungsbestandes bei. Auch seine mitgebrachte Pfeffermühle provozierte ein Kopfschütteln meinerseits.

Doch Frank wusste genau, was er brauchte und was ihm guttat. Dank der zusätzlichen Kleidung fror er zum Beispiel viel weniger als ich. Franks Pfeffermühle entpuppte sich zudem als ein sehr beliebtes Mitbringsel. So manch fades Stück Fleisch der Pilgermenüs schmeckte auf einmal ganz köstlich. Und auch ich nahm Franks Angebot nach frisch gemahlenem Pfeffer gerne an.

—

Laut einer Faustformel sollte der Rucksack ohne Lebensmittel nicht mehr als zehn Prozent des eigenen Körpergewichts wiegen. Ein oder zwei Kilogramm mehr sind auch in Ordnung. Meine Packtipps stehen unter www.pilgerwahnsinn.de als Download zur Verfügung.

—

An meinem letzten Pilgertag machte ich mich, auch wenn es wieder knackig kalt war, sehr früh auf, um den Sonnenaufgang in freier Natur zu sehen. So etwas wurde mir in meinem Großstadtleben mit Blick auf die nächste Hauswand nicht geboten.

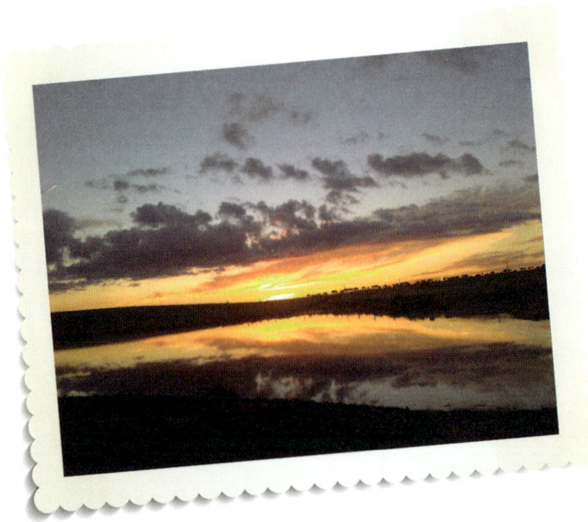

Am Abend in Zamora – Alice hatte wieder ein Schnäppchen in einem Hotel ausgemacht – wollte ich aber unbedingt in der Herberge schlafen. Ich hatte mich so an die anderen Pilger gewöhnt. Sie störten mich nicht beim Einschlafen, ich brauchte sie sogar.

Es waren diese Erfahrungen, die meinen Rucksack im Leben reichhaltig füllten und die ich zukünftig gerne in meinem Gepäck hatte.

Doch so einfach sollte diese Pilgerreise nicht enden. Zunächst war ein Wiedersehen mit Leticia in Madrid geplant, wohin ich von Zamora aus gut mit dem Zug kam.

Leticia und Matteo, die eine Fernbeziehung führten, konnten nicht glauben, dass ich ein Pensionszimmer genommen hatte, statt bei Leticia zu schlafen. Aber ich wollte niemandem zur Last fallen. „Willst du einen letzten Stempel in deinen *Credencial?“*, fragte mich die studierte Psychologin. Und sie drückte mir nach meiner Zustimmung ihren Therapeutenstempel in meinen Pilgerausweis.

Jeder Schritt tut weh

Pilgern war und ist spannend. Und ich freute mich mit großer Leidenschaft auf das nächste Abenteuer. In einer Welt der ständigen Beschleunigung konnte ich mich hier wieder sammeln.

Zugleich verlor ich euphorisch aus dem Blick, dass jeder Pilger schonend mit sich umgehen sollte. Denn wer sich angeschlagen auf den Weg macht oder nicht im eigenen Tempo läuft, schafft die Strecke nicht.

Und wie bei jeder Pilgerreise sollten die ersten drei Tage wieder besonders hart sein. Denn man startet dort, wo man körperlich und mental steht.

Mein Umfeld machte sich inzwischen Sorgen darüber, weshalb ich so oft pilgern würde. Es war nicht von der Hand zu weisen, dass der Camino eine willkommene Auszeit vom Alltag war. Mein beruflicher Alltag war zu oft durch persönliche Anfeindungen und politische Unverbindlichkeiten geprägt, was mich sehr belastete. Unabhängig davon hatte mich der Pilgerwahnsinn gepackt. Ich konnte es kaum in Worte fassen, aber das Gefühl stimmte.

Endlich wieder auf der *Vía de la Plata.* Ein Jahr war vergangen seit meiner letzten Pilgerreise in Spanien. Und da ich das zwischenzeitliche Pilgern in Deutschland eher als bloßes Wandern empfand, war die Vorfreude entsprechend stark gewachsen.

Ich setzte meine Reise im mittelalterlichen Zamora fort. In meinem Schlafraum war außer mir nur noch eine junge Niederländerin. Sie breitete ihre Sachen auf dem Bett aus und schnupperte an jedem einzelnen Kleidungsstück. Auf diese Weise entschied sie, was nochmal getragen werden konnte und welches Stück einer gründlichen Handwäsche bedurfte. Ich rümpfte meine Nase. Dass ich zwei Wochen später gleichermaßen meine Wäsche sortieren würde, wusste ich ja noch nicht. Manche Camino-Erfahrungen verdrängt man schnell. Und erst wenn sie wieder selbst gelebt werden, ruft das Gedächtnis die Erinnerungen auf.

Bereits am Ortsausgang von Zamora kam ich mit den ersten Pilgern, einem älteren deutschen Ehepaar, ins Gespräch. Sowohl die Frau als auch ihr Mann konnten kaum fassen, dass ich soeben erst gestartet war und bereits einen solch entspannten Eindruck machte. Ich schob dies auf meine Erschöpfung, da ich bis in die Nacht am Computer gesessen hatte, um geordnete Verhältnisse im Büro zu hinterlassen. Aber sie hatten in der Tat recht, ich war nicht erschöpft, sondern entspannt. Leider liefen die beiden auf einem anderen Weg Richtung Portugal weiter. Und so war ich wieder auf mich allein gestellt.

Doch bereits einige Kilometer später traf ich zwei deutschsprachige Männer aus Berlin. Das Paar lebte nur drei Kilometer von mir entfernt. Noch nie hatte ich Berliner auf dem Weg kennengelernt. Wir verbrachten die nächsten zwei Wochen Tag für Tag miteinander. Obwohl die beiden etwa 20 Jahre älter als ich waren, konnte ich kaum Schritt halten mit ihnen. Aber ich tat es.

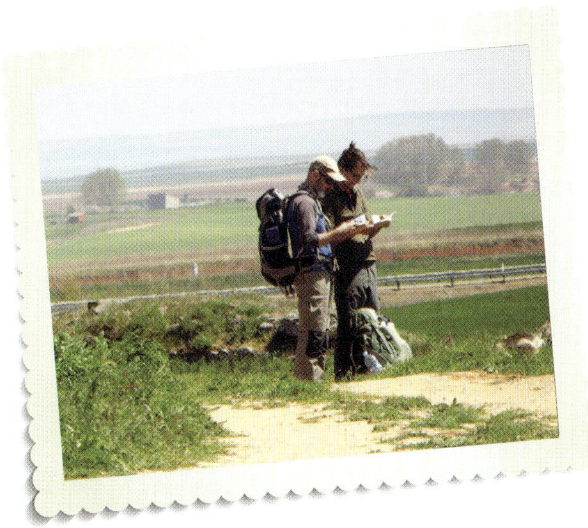

Am Ende des ersten Pilgertages trafen wir auf Hanneke und Guy, ein niederländisch-französisches Paar, das Ende 60 war. Aber auch sie waren zackig unterwegs.

„Bist du im Urlaub oder im Gefängnis?“, fragte mich Kristian. Meinem schwerbehinderten Freund schickte ich gerne Fotos von unterwegs. Er fand meine Pilgerreisen aber einfach nur primitiv und wollte nicht glauben, dass ich dort freiwillig Urlaub machte. Zugegebenermaßen wirkten das rostige Doppelstockbett, die abgewetzte Matratze und die schimmlige Wand wenig einladend. Dabei wurde über das gesendete Foto nicht mal der modrige Geruch und die abendliche Kälte transportiert. Aber für eine Nacht war es in Ordnung. Kristian fand es unerträglich.

In der Nacht kämpfte ich mit starken Muskelschmerzen am ganzen Körper, da ich am ersten Tag zu schnell und zu weit gelaufen war. Wirre Träume begleiteten mich in der Nacht. Da mein Vater mich beim abendlichen Telefonat mit aktuellen Ergebnissen der Bundesliga bereichert hatte, träumte ich, ich sei selbst ein Fußball-Profi. Ich war allein vor dem Tor und schoss aus voller Kraft. Ich imitierte diese Beinbewegung im Schlaf, was sehr unpraktisch war, da ich im Schlafsack lag.

Am nächsten Morgen schmerzte mein linkes Schienbein, dabei hatte ich mich gar nicht gestoßen. Oder vielleicht doch bei meiner nächtlichen Akrobatik? Ich lockerte den knöchelhohen Wanderstiefel. Da die Paare aus Berlin und Amsterdam so nett waren, versuchte ich weiter Schritt zu halten. Der Schmerz wurde immer schlimmer, sodass ich meinen Gang verlangsamen musste. Bevor sich unsere Wege trennten, diagnostizierte Hanneke eine Schienbeinsehnenentzündung bei mir. Ich wusste bis dahin gar nicht, dass es am Schienbein eine Sehne gibt.

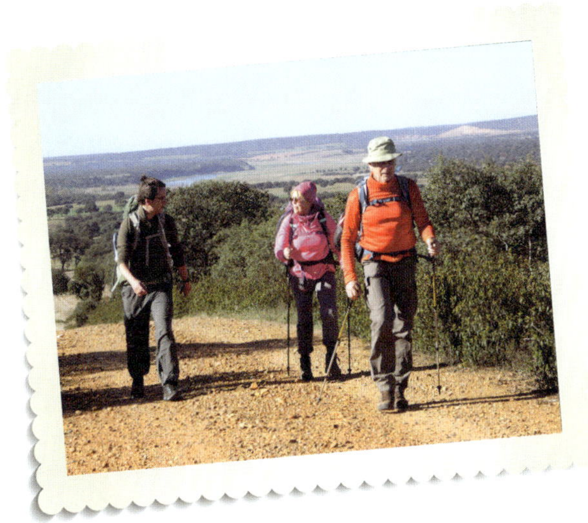

Ich hatte mich am ersten Tag überlastet. Das war nicht klug. Bald befand ich mich auf einem staubigen Weg mit keinerlei Schatten. Der weite Blick war nicht besonders motivierend, weil ich sehen konnte, wie die anderen Pilger in der Ferne immer kleiner wurden.

Irgendwann schmiss ich meinen Rucksack hin und riss mir die Schuhe von den Füßen. Ich hielt die Schmerzen nicht mehr aus. Und ich begann zu rechnen. Etwa 10.500 Schritte hatte ich heute noch zu meistern. Da jeder einzelne Schritt schmerzte, dachte ich nun nur noch von Dorf zu Dorf.

Stück für Stück erhumpelte ich mein Tagesziel. Es ging doch schneller als gedacht. Ich belohnte mich mit einem Apfel aus dem Rucksack, danach wollte ich die Herberge aufsuchen. Aber warum konnte ich

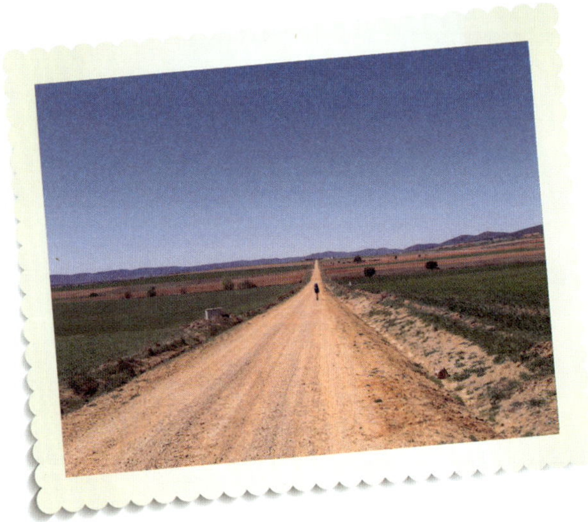

die Unterkunft nicht finden? So groß war dieser Ort doch gar nicht. Es war das falsche Dorf. Ich hatte, konzentriert auf meine Schritte und ein zwischenzeitliches Telefonat mit meinen Eltern, den Weg verlassen. Mithilfe von Google Maps entschied ich mich für eine Abkürzung, um zurück auf den Weg zu kommen. Ich hatte keinen Zweifel, dass ich das schaffen würde.

Meine vermeintliche Abkürzung endete in einer Sackgasse an einem kleinen Fluss. Auf der anderen Uferseite war unweit der Camino. Die etwa sechs Meter breite Wasserstelle flößte mir Respekt ein. Die Strömung war nicht stark, das Bett des Flusses aber sehr steinig. Und immerhin war das Gewässer bauchhoch tief. Sollte ich also nochmal umkehren oder wollte ich dieses Gewässer durchschreiten? Bei der Hitze würde alles schon wieder trocknen bis zum nächsten Tag. Ich überlegte. Durchschritt den Fluss in Gedanken. Immer wieder sah ich mich im Wasser liegen, mit einer weiteren Verletzung am Fuß. Den Rucksack über den Fluss werfen? Und dann ohne Gepäck und Schuhe leicht bekleidet durch den Fluss? Vor meinem geistigen Auge sah ich, wie mein Gepäck abdriften würde. Vernünftigerweise kehrte ich auf eine weniger riskante Wegalternative zurück.

Am späten Abend kam ich endlich in der Herberge an. Irgendwie war es wieder so ruhig hier. War es das richtige Dorf? Ja. War es die Herberge? Oder hatte ich mich schmerzbetäubt versehentlich in ein privates Wohnhaus geschlichen? So etwas war mir auch schon mal passiert. Es war die Herberge. Die meisten Pilger, auch die beiden Paare, lagen regungslos in den Betten. Als ich jedoch eintraf, war die Wiedersehensfreude groß. Und es war genau noch ein Bett frei: meins.

Ohne das ertragene Leid wäre mein empfundenes Glück sicherlich nur halb so groß gewesen. Zugleich wollte ich Leiden nicht zur Voraussetzung für eine glückliche Zeit machen. Also stiegen ein mir bis dahin unbekannter Deutscher und ich am nächsten Morgen in ein Taxi. Die meisten Mitpilger hatten sich etwa 25 Kilometer vorgenommen, von denen die ersten zehn Kilometer entlang einer Straße führten. Ich erinnerte mich an den Straßenabschnitt am Anfang der *Vía*, als ich mit Frank unterwegs war. Mein schlechtes Gewissen war daher schnell besiegt. Und anschließend 15 Kilometer humpelnd zu bewältigen, war so schlecht nun auch wieder nicht. Der deutsche Pilger hatte furchtbar viele und vor allem große Blasen an den Füßen. Wir humpelten dynamisch um die Wette, ein armseliger Anblick. Aber dank unseres Taxis waren wir den anderen um einiges voraus.

Unsere Herberge war in einer Turnhalle: ein kleiner Nebenraum mit Doppelstockbetten. Guy kam schon kurz nach uns an. Er brauchte kein Taxi. Er war mit Raffaele gelaufen, einem in Deutschland lebenden Italiener. Guy sicherte für Hanneke und sich ein Doppelstockbett. Hanneke hatte den Bus genommen. Das Berliner Paar traf wenig später ein. Die Betten reichten nicht mehr aus, weshalb Raffaele sich freiwillig eine Sportmatratze nahm und sich in der Ecke des Ganges eine Schlafnische baute. Später meinte er, es sei die beste Nacht auf dem Camino gewesen, die er je hatte. Alle weiteren Pilger, die unter anderem mit dem Fahrrad eintrafen, mussten sich notgedrungen eine Turnmatte nehmen. Mir tat der Rücken schon beim Anblick weh, aber es sollte nicht meine Sorge sein.

Mir war klar, dass ich nicht jeden Tag mit Taxi oder Bus unterwegs sein wollte. Aber insbesondere vor abschüssigen Wegabschnitten graute mir. Denn durch die Streckung des Fußes bergab dehnte ich die entzündete Sehne am Schienbein, was mit einem Höllenschmerz verbunden war.

Kurz vor dem Zubettgehen nahm Raffaele Hanneke, die ebenfalls Schmerzen im Bereich der Schienbeinsehne hatte, und mich beiseite. Der frühere Kickbox-Champion brachte uns seine Gehmethode bei. Sobald es bergab ging, sollten wir mit den Händen den Rucksack hinter dem Rücken leicht anheben und anschließend in aktiven schnellen Tippelschritten den Berg hinunterlaufen. Also nicht bremsen, vielmehr die Last von den Schienbeinsehnen auf die Oberschenkel und Knie verteilen. Es sah selten dämlich aus, aber Hanneke und ich waren gute Schüler, die seinen Rat in den nächsten Tagen brav befolgten. Und es half bergab etwas.

Aber die Schmerzen wurden nicht weniger. Die Möglichkeit des Scheiterns war zum Greifen nah. Meine Eltern rieten mir am Telefon, die Pilgerreise abzubrechen. Die Probleme waren real, jeder Schritt tat weh. Und das ab dem ersten gelaufenen Meter. Ich lief vorsichtig in kleinen Schritten. Von morgens bis abends, für etwa zwei Wochen. Was für eine Qual, die ich Urlaub nannte.

Doch etwas abbrechen, weil es einfacher und vielleicht vernünftig ist, entsprach noch nie meinem Naturell. Mein Verstand hatte mir schon oft im Leben gesagt, dass es bequemere Wege gibt, aber mein Herz trieb mich woanders hin. So auch hier auf dem Camino.

Aufgrund der Schmerzen legte ich viele Pausen ein und lernte so meine Umgebung noch besser kennen. Die Taxi-Unterstützung nahm ich nie wieder in Anspruch. Ibuprofen war mein treuer Wegbegleiter. Ich schonte meinen Körper nicht, indem ich das Bein ein paar Tage hochlegte und die Pilgerreise unterbrach. Trotzdem besserte sich die Situation schließlich.

Da ich besonders langsam war, kam ich meist als Letzter an. Die *Vía de la Plata* war ein einsamer, aber auch schöner Weg. Durch die Bewegung, die Mühe und die Erfahrung des eigenen Körpers stellte sich ein Gefühl der Ganzheitlichkeit ein. Das Gehen musste schließlich nicht mehr diszipliniert erzwungen werden. Die Bewegung beim Pilgern half, eine innere Einkehr zu erleben.

Irgendwann erreichte ich wieder das Schritttempo von Hanneke und Guy. Hannekes pinkes Pilgeroutfit war unverwechselbar, weshalb ich sie immer schon aus der Ferne identifizieren konnte. Sie hingegen amüsierte sich über meine zähflüssige Kindersonnencreme, die ich täglich gewissenhaft auftrug, mit der ich aber wie ein Clown aussah.

Wir wollten bis Santiago die Ruhe des Weges genießen und entschieden uns daher für die Strecke über Ourense – statt in Astorga auf den *Camino Francés* zu stoßen.

In Ourense traf ich abends endlich auch wieder auf Raffaele. Er wollte noch schnell in die Kathedrale, da diese bald schloss. Ich konnte den Aufenthalt in dem ehrwürdigen Gebäude nicht genießen. Die Schienbeinsehne schmerzte zwar nur noch wenig, aber dafür fing mein restlicher Körper an zu streiken. Mir war kalt, die Muskeln verhärteten. Ich wollte am liebsten nur noch ins Bett. Oder in die nahe gelegene Therme, die laut meinem Buch bei freiem Eintritt besuchbar war. Ich hatte extra eine Badehose dabei. Raffaele konnte das nicht glauben, folgte mir aber zu der vermeintlichen Therme. Und da war es, ein kleines Paradies, etwa 300 Meter von der Kathedrale entfernt. Vor allem Einheimische planschten in dem dampfenden Wasser. Das wollten wir auch.

Der Bademeister stoppte uns und wies uns verschwitzte Pilger darauf hin, dass wir nur geduscht in das Wasser dürften. Dann das nächste Problem: Raffaele wollte – da er keine Badehose dabeihatte – in kurzer Hose ins Wasser. Das war nicht erlaubt. Ich schlug daher vor, dass wir uns meine Badehose teilen. Jeder zehn Minuten. Da ich einen sehr mitleiderweckenden Eindruck machte, durfte ich zuerst ins Wasser. Die Wärme tat meinem schwächelnden Körper gut, die Muskelverspannungen lösten sich, es war so entspannend. Raffaele merkte, dass ich das hier bitter nötig hatte. Trotz angeschlagener Gesundheit hatte ich es so weit geschafft. Er steckte nur seine Füße ins Wasser, erfreute sich an der Wärme und meinte, ich solle meine Badehose anbehalten.

Täglich sahen wir Unwetterblitze und Regenwolken auf den Fernsehbildschirmen in den Kneipen. Das galt für ganz Spanien und Portugal, außer die Region, in der wir uns jeweils behütet bewegten. Was für ein Segen.

Meinen Weggefährten Raffaele lernte ich als einen ganz besonderen Menschen kennen. Der frühere Leistungssportler hatte sich sein ganzes Leben fit gehalten. Sein Glaube gab ihm Kraft. Auf seinen gleichnamigen Cousin war er gar nicht stolz. Der mehrfache Mörder und Mitglied der Camorra, Italiens ältester und größter Verbrecherorganisation, saß im Gefängnis. Auch wenn Raffaele mit seinen Taten nichts zu tun hatte, pilgerte er im Bewusstsein für die Opfer und deren Familien.

Noch 100 Kilometer waren es bis Santiago. Raffaele und ich konnten unsere Ankunft kaum erwarten. Zwei Wochen humpelte ich über den Jakobsweg. Erst in den letzten Tagen konnte ich den Weg schmerzfrei genießen und halbwegs mit Raffaele Schritt halten.

Wir trafen zusammen in Santiago ein. Und vor der Kathedrale gestand mir mein Pilgerfreund, dass er ein paar Wochen zuvor keinen Cent darauf gewettet hätte, dass ich es bis nach Santiago schaffe, geschweige denn zusammen mit ihm ankomme. Raffaele verglich mich mit einem alten Auto, dessen Achse gebrochen war. Aber die alte Karre – welch Wunder – hielt und bewegte sich immer weiter.

Während der beschwerlichen Pilgerreise hatte sich wieder eine Gemeinschaft herausgebildet, woraus sich weit über den Jakobsweg hinaus Freundschaften entwickelten. Die erinnerungswürdigen Erfahrungen addierten sich nicht nur, sie potenzierten sich in jedem gemeinsamen Erlebnis dieser Reise. Und ich stellte fest, dass die Stolperer prägen, nicht die glatten Erfolgsgeschichten. Wir hatten etwas Herausforderndes durchlebt, das schweißte uns zusammen.

Raffaele und ich wollten unsere Ankunft mit einem Foto dokumentieren. Also sprangen wir samt Rucksack vor dem Seiteneingang der Kathedrale in die Höhe. Auf dem ersten Foto sah es so aus, als ob wir uns auf die Zehenspitzen stellen würden. Ein Sprung war nicht zu erkennen. Ein zweiter Versuch. Höher als zehn Zentimeter schafften wir es nicht. Aber nach tausend Kilometern war das egal.

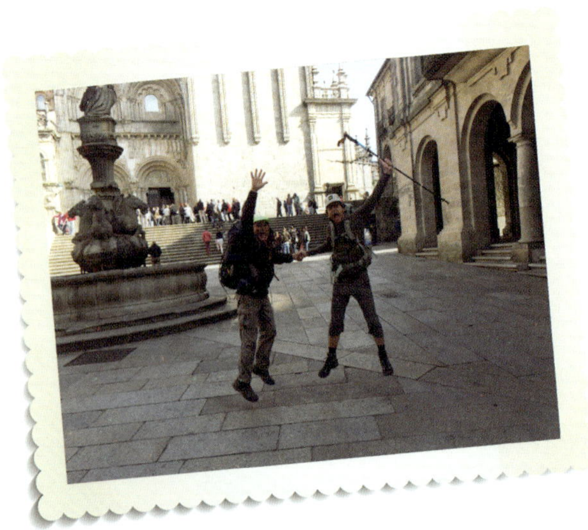

Raffaele und ich holten uns nicht nur eine *Compostela,* sondern auch eine sogenannte *Distancia.* Das ist eine Version der Pilgerurkunde mit Kilometerangabe. Wenn nicht nach Bewältigung der *Vía de la Plata,* für welchen Weg dann, dachten wir uns. Wir waren uns nicht sicher, ob es tatsächlich tausend Kilometer waren oder nur 990. Und da stand auf einmal 1.007 Kilometer. Wow, zu Fuß.

Mein Pilgerfreund wusste, was nun zu tun war. Er wollte sich ein schickes weißes Hemd für den Pilgergottesdienst kaufen. Und ich? Ich fühlte mich unschlagbar. Aus einer vermeintlich hoffnungslosen Situation voller Schmerz kam ich sichtlich körperlich und mental gestärkt am Apostelgrab an.

Blinddate in Santiago

Mir konnte alles gelingen, wenn ich nur hartnäckig daran glaubte. Nur so hatte ich es das zweite Mal nach Santiago geschafft. Aber da war mein Wunsch nach mehr.

Ich hatte schon ein paar Tage mit einem Mann über eine Dating-App gechattet. Er machte einen sehr coolen Eindruck. Der Wissenschaftler lebte in Santiago, und er war – das fand ich besonders attraktiv – auch schon gepilgert. Dr. Santiago musste mein Traummann sein, den ich so lange gesucht hatte und der mich verstand.

Was trägt man bei einem Blinddate nach einer Pilgerreise? Ich führte nur Wanderkleidung mit mir. Zugleich wusste mein Gegenüber, was ich in den letzten Wochen getan hatte. Ich entschied mich gegen eine Shoppingtour. Saubere Kleidung aus der Waschmaschine musste genügen. Schön sah es nicht aus, aber zumindest war ich nicht schmutzig. Mein Herz klopfte heftig, ich war schon lange nicht mehr so aufgeregt wegen eines Dates. Und ich zweifelte nun doch an meiner Kleidung. Auf einmal stand er vor mir. Leider entsprach er gar nicht meiner Fantasie und redete sehr gestelzt. Zugleich war Dr. Santiago ein sehr aufmerksamer Mensch, und er lud mich auf ein Glas Wein in sein Lieblingsrestaurant ein. Obwohl die Verabredung nur etwa eine Stunde dauerte, lernte ich die schöne Altstadt von einer besonderen Seite kennen. So wurde ich zur engsten Gasse geführt: Wenn man durch diese läuft – ohne dass einem jemand entgegenkommt – geht die Sache in Erfüllung, die man sich in diesem Moment wünscht.

Nach zahlreichen weiteren Stationen wurde ich zur sogenannten Liebesbank geführt, die am Fuße eines der größten Eukalyptusbäume von Santiago steht. Von hier hatten wir einen beeindruckenden Blick auf die etwa 500 Meter entfernte Kathedrale. Es wäre ein perfekter Ort für einen Heiratsantrag gewesen, aber 50 Minuten nach der ersten Begegnung wohl etwas zu früh.

Während sich mein aufmerksamer Stadtführer alle Mühe gab, mich in romantische Stimmung zu versetzen und intellektuell zu beeindrucken, stellte ich kritische Nachfragen zur Methodik seines wissenschaftlichen Wirkens.

Schließlich fing ich an, nervös um mich zu blicken, da ich mit Raffaele verabredet war. Mein charmanter Begleiter konnte es gar nicht erwarten, meine Freunde von der Pilgerreise kennenzulernen. Daran hatte ich jedoch kein Interesse. Ich beendete unser Treffen abrupt. Dr. Santiago wusste nicht, wie ihm geschah.

Ich umarmte ihn und bedankte mich für den schönen Nachmittag. Und weg war ich. In einer Kurzschlussreaktion löschte ich mein Benutzerkonto der Dating-App, um jegliche weitere Kontaktaufnahme zu verhindern. Ich schämte mich später für dieses Verhalten.

Ich hatte zwar nicht meinen Traummann gefunden, aber ich kannte von nun an die romantischsten Orte von Santiago. Lediglich den sogenannten „Pilgerschatten“, der jede Nacht an der Rückseite der Kathedrale erscheint, lernte ich erst Jahre später kennen.

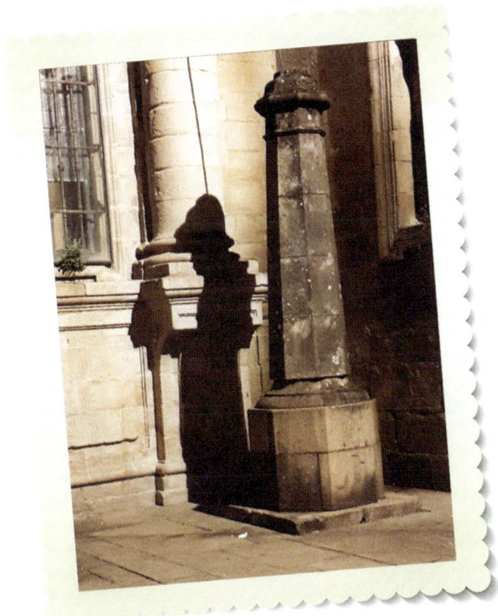

—

Vor langer Zeit war ein Mönch unsterblich in eine Nonne verliebt. Aber es durfte nicht sein. Er schmachtete unter ihrem Fenster. Diese Liebe, seine unerfüllte Sehnsucht überdauert bis heute in Form eines Schattens, der jeden Abend an der Rückseite der Kathedrale erscheint, von wo man auf die Unterkünfte der Nonnen schauen kann.

—

Raffaele strahlte stolz in seinem weißen Hemd. Wir gingen in den Gottesdienst. Um gute Plätze zu bekommen, waren wir sehr früh dran. Durch die Kathedrale schlenderten viel Menschen, um Jakobus zu umarmen, was ich wieder nicht vermochte. Raffaele beobachtete die Menschen sehr aufmerksam. Empört wies er auf ein schwules Paar hin, das in der Kirche unterwegs war. Ich zuckte zusammen, weil ich jetzt keinen Streit mit einem gläubigen Katholiken haben wollte. Er war vielleicht fest im Glauben verankert und Profi-Kickboxer, aber ich war ein leidenschaftlicher Homosexuellenaktivist. Den Kampf würde ich gewinnen. Raffaele regte sich allerdings gar nicht über das Paar an sich auf, sondern über einen der Partner, weil er die Hand wegzog, als sein Liebster diese greifen wollte. „Hör mal, wir sind doch im 21. Jahrhundert. Das verstehe ich nicht", sagte Raffaele. Ich war so stolz auf meinen Pilgerfreund.

Ich war noch so voller Tatendrang. Der Weg hatte mir zwar all meine Kraft genommen, aber er gab sie vielfach zurück. Am nächsten Tag ging es daher weiter Richtung Ende der Welt: dieses Mal zu Fuß. Erst nach Finisterre, wo ich aufgrund eines bewölkten Himmels abermals keinen Sonnenuntergang beobachten konnte. Und dann nach Muxía, wo das brausende Meer gegen Felsen schlägt, auf denen eine Kapelle steht. Am liebsten wäre ich in die Fluten gesprungen und weitergeschwommen.

5
AUF KURZEN UND LANGEN WEGEN NACH SANTIAGO

Auf dem Weg für Anfänger gescheitert

Meine Pilgerfreundin Inge, die ich damals noch nicht kannte, bezeichnet den Portugiesischen Weg als Frauenweg. Es ist ein einfacher Weg für Anfänger und insbesondere bei Frauen sehr beliebt. Es müssen nur wenige Höhenmeter bewältigt werden. Bis Santiago sind es ab Porto zudem lediglich 250 Kilometer. Der prozentuale Anstieg der Pilgerzahlen ist auf keinem Jakobsweg so enorm wie auf dem Portugiesischen. Porto ist inzwischen der zweitbeliebteste Startpunkt nach Sarria und sogar vor dem bekannten Saint-Jean-Pied-de-Port.

—

Ab Porto gibt es zwei Routen. Die meisten Pilger ziehen den klassischen Weg durchs Landesinnere dem relativ neuen Küstenweg vor. Die Küstenvariante verzeichnet jedoch enorme Steigerungsraten und bietet zahlreiche Badestrände. Eine Besonderheit ist die Variante *Espiritual* zum Ende, auf der man eine sensationelle Bootsfahrt unternehmen kann und kurz vor Padrón an Land geht. Auf dem Portugiesischen

Weg werden sowohl eine Landesgrenze als auch die Grenze zu einer anderen Zeitzone überschritten.

—

Doch ausgerechnet auf diesem Weg scheiterte ich als erfahrener Pilger. Es begann damit, dass mein Rucksack viel zu voll war. Unpassend zum heißen Sommerwetter im August hatte ich lauter warme Wechselkleidung dabei. Ich hatte das Rucksackpacken dieses Mal auf die leichte Schulter genommen. Dummerweise fand ich in Porto keine Postfiliale und konnte so keine Sachen nach Deutschland zurückschicken. Also schleppte ich alles mit mir. Andere Pilger staunten immer wieder, wie üppig gefüllt und schwer mein Rucksack war.

Nach ersten netten Kontakten mit jungen deutschen Pilgern gabelte mich schließlich eine kontaktfreudige Engländerin in meinem Alter auf. Sie lebte schon seit vielen Jahren in Italien und benahm sich auch so. Sie war gegenüber anderen Pilgern temperamentvoll aufgeschlossen, weshalb unsere Gruppe schnell zu einer mehrheitlich spanisch-italienischen Gruppe anwuchs. Dass ich ein Deutscher bin, konnten die fröhlichen Südeuropäer kaum glauben. Zum einen weil ich nicht blond bin. Und zum anderen, weil ich dem Bild des strengen Deutschen nicht entsprach. Ich versicherte, dass ich viele deutsche Klischees erfüllen würde, was alle entschieden zurückwiesen, da ich so offen und fröhlich wirkte.

Nach etwa drei Tagen waren wir ein eingeschworenes Team. Zugleich war mir das ständige Miteinander ein bisschen zu viel. Häufig meinte ich: „Wartet nicht, ich komme nach.“ Aber bereits um die nächste Ecke warteten meine Pilgerfreunde. Mein Bedürfnis nach Alleinsein war den in Großfamilien sozialisierten Menschen offenbar fremd.

Wir liefen auf der damals erst seit einem Jahr ausgeschilderten Variante entlang der Küste. So entspannt war ich noch nie gepilgert. Angekommen in Vigo, beschlossen wir, einen halbtägigen Badetag auf der Insel Cíes einzulegen. Bereits die alten Römer hatten Cíes als „Insel der Götter“ bezeichnet. Dem mochte ich beim Anblick dieses Paradieses unweit des Jakobsweges nicht widersprechen. Leider gab es keinerlei Schatten.

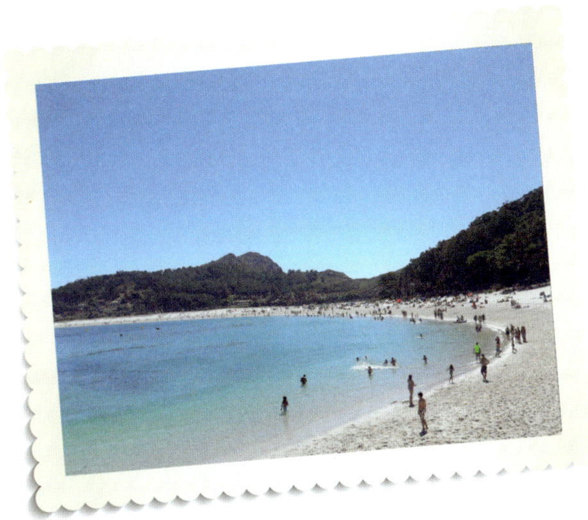

Am Abend ließen wir es uns auch auf dem Festland richtig gutgehen. Unsere Herberge war Bestandteil eines herrschaftlichen Anwesens. Wir spaßten hörbar darüber, dass wir Gründe finden müssten, hier einen weiteren Tag verbringen zu dürfen, was für Pilger ausgeschlossen war, da diese – entgegen den gut zahlenden Touristen – nur eine Nacht bleiben durften. Am Abend schlemmten wir Meeresfrüchte und genossen den spanischen Wein.

Was ich auch genoss: ein eigenes abschließbares Zimmer zum Schlafen zu haben – allerdings mit Gemeinschaftsbad. Meine Haut brannte und schmerzte von der starken Sonneneinstrahlung. Neben Lotion sollte eine Schmerztablette Linderung schaffen. Ich schluckte versehentlich meine Kortisontablette, die ich für Asthma-Notfälle dabeihatte.

Mitten in der Nacht wachte ich auf, mit schlimmen Magenkrämpfen und Übelkeit. Ich schaffte es gerade so noch zur Toilette. Da die Wände sehr dünn waren, entging dieses Trauerspiel den anderen Pilgern nicht. Eine spanische Pilgerfreundin – die einzige aus der Gruppe, die kein Wort Englisch sprach – klopfte an die Tür der Toilettenkabine und fragte nach meinem Wohlbefinden. Mit dem Gesicht in der Kloschüssel musste ich wirklich noch nie eine Sprache sprechen, die ich nicht beherrsche. Zunächst dachte ich an eine Lebensmittelvergiftung. Aber da wir alle das Gleiche gegessen hatten, schied das aus. Ich hatte schlicht und ergreifend einen schlimmen Sonnenstich. Da sich Kortison und Sonne nicht vertragen, hatte ich mich dann auch noch selbst vergiftet.

Meine Pilgerfreunde mussten ohne mich weiterlaufen. Während alle anderen traurig waren, erfreute ich mich am Alleinsein, wenn auch in körperlich schlechtem Zustand.

Da mir der Hotelbetreiber dank der Scherze des Vortages meine Krankengeschichte nicht glaubte, musste ich für die nächste Nacht den normalen Hotelpreis bezahlen.

Nach einem Ruhetag ging es schließlich allein weiter. Die körperliche Anstrengung verursachte Bauchkrämpfe. Selbst die unsportlichsten Pilger überholten mich.

Aber mir tat es gut, allein zu laufen. In meinem Tempo. Ohne dauernde Gespräche. Und zunehmend fand mein Körper wieder Gefallen an der sportlichen Betätigung. Auch der spätere Notschlafplatz mit einer durchgelegenen Matratze auf dem Fußboden konnte mich nicht demotivieren.

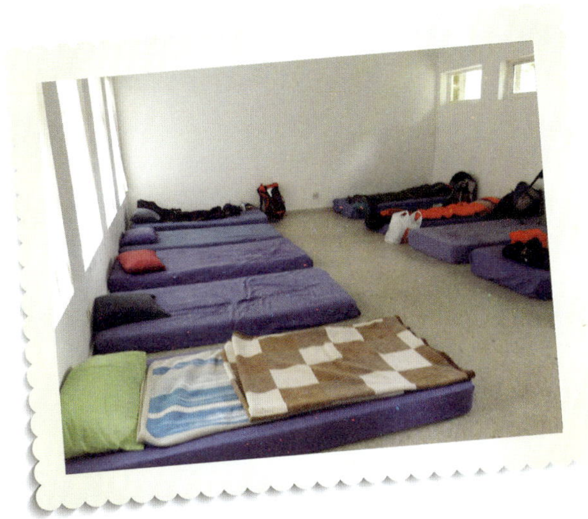

Hier in der Herberge dominierte eine Clique junger Deutscher, die mich qua gemeinsamer Sprache adoptierten. Sie hatten keinen Zweifel, dass ich nun Teil ihres Kollektivs sei. Nein, nein, nein. Ich wollte allein laufen und nahm am nächsten Morgen die Beine in die Hand.

Es konnte sehr schön sein, in Gesellschaft zu laufen. Das hatte ich schon oft genug erleben dürfen. Aber für mich gab es einen großen Unterschied zwischen einem geselligen Miteinander in Freiheit und einer Cliquenbildung.

Ich lernte noch viel größere Individualisten als mich kennen: die sogenannten Geisterpilger. Die, die einem entgegenkommen und nicht Richtung Santiago laufen, sondern von dort kommen. Im Falle des Portugiesischen Weges liefen sie Richtung Fatima.

Die Geisterpilger waren nicht weniger aufgeschlossen als die anderen Pilger. Aber es lag in der Natur der Sache, dass man ihnen nur einmal, vielleicht sogar nur ganz kurz, begegnete. Ich wollte zwar meine Ruhe haben. Aber zugleich genoss ich es, mich im Strom zu bewegen und nicht wie ein wandernder Lachs gegen die Fließrichtung anzukämpfen.

Ich war gut in der Zeit. Da ich den Portugiesischen Weg bisher nicht besonders reizvoll fand, machte ich einen kleinen Umweg zu einer viel gelobten Klosterherberge.

Bei meiner Ankunft dröhnte „Highway to Hell“ durch die Bühnenlautsprecher des Dorffestes, das im Park direkt gegenüber dem Kloster stattfand.

Ich war tatsächlich der erste Pilger an diesem Tag. Das Gebäude war sehr gepflegt. Aber auch voller Regeln. Freie Bettenwahl gab es nicht. Mir wurde eine hübsche Schlafnische zugeteilt, die jedoch direkt an der Schwenktür zur Küche war, die gegen den Türrahmen schlug, wenn sie aufgemacht wurde. Mein Wunsch, ein anderes Bett nehmen zu dürfen, wurde schroff zurückgewiesen. Der Hospitalero, der zu diesem Zeitpunkt die Herberge ehrenamtlich betreute, war ein klein gewachsener Spanier, den ich aufgrund seiner Herrschsucht Napoleon taufte.

Egal was ich machte, es war falsch. Wo meine Schuhe in der Sonne trockneten, war falsch. Wo ich saß, war falsch. Und dann musste ich auch noch den ganzen Nachmittag hungern, da Verkaufsschluss auf dem Dorffest war und es weit und breit nichts zu essen gab. Natürlich auch nicht bei Napoleon, der sich hektisch durch die offene Küche bewegte. Um 19.30 Uhr traf eine Gruppe von Spaniern ein. Sie wollten zunächst duschen. Napoleon beschloss daher, das Essen für alle weiter nach hinten zu verschieben. Um 20 Uhr fiel ihm ein, dass die Suppe gestreckt werden musste. 20.30 Uhr, endlich waren alle Spanier geduscht, und Napoleon war auch so weit. Der erste Gang wurde serviert. Tomatensalat. Ich esse keine Tomaten. Am Ende, mit viel Mühe, wurde ich dann doch noch irgendwie satt – auch wenn das gesamte Pilgermenü alles andere als lecker war.

Schlecht gelaunt ging es also ins Bett. Napoleon hatte klare Regeln auch für den Morgen. Er wollte uns pünktlich um 6.30 Uhr wecken. Vorher sollte niemand aufstehen.

Kaum war das Licht ausgelöscht und Napoleon verschwunden, packte ich Schlafsack und Smartphone und verzog mich in die hinterste Schlafkammer. Eine ältere deutsche Pilgerin eilte zu mir und meinte: „Das hat er dir doch verboten." Jetzt hatte ich auch noch die Pilger-Stasi am Hals.

Am nächsten Morgen um 6.15 Uhr wechselte ich schnell wieder das Bett, zog mich an und packte den Rucksack. Als Napoleon um 6.30 Uhr alle weckte, saß ich brav auf der Bettkante der mir zugewiesenen Schlafnische und begrüßte ihn freundlich.

Der Hospitalero begann wieder zu wirbeln. Und als ob ich es geahnt hätte, durften wir erst mit dem Frühstück beginnen, wenn alle im Tisch sitzen. Die Spanier lagen zum Teil noch im Bett, die anderen Deutschen schauten blöd aus der Wäsche. Ich setzte meinen Rucksack auf und wünschte allen einen guten

Weg. Mit einem breiten Grinsen behauptete ich, dass ich keinen Hunger hätte und zog los.

Die Erziehungsversuche von Napoleon hatte ich nun also auch hinter mir. Natürlich hatte ich Hunger, aber lieber verzichtete ich freiwillig auf Frühstück, als die Bevormundung durch diesen Tyrannen weiterhin zu ertragen. Eine Stunde später kam ich in Padrón an. Dass hier in der Nähe einst das Schiff mit dem Leichnam von Jakobus angelegt haben soll, interessierte mich nicht. Ich steuerte die erste Bar an und genoss das selbstbestimmte Frühstück in vollen Zügen.

Schließlich erreichte ich ganz allein Santiago. Körperlich fit, aber ein wenig einsam. So viele glückliche Pilger waren um mich, die wie kleine Sterne strahlten. Ich war ankommen, aber nicht mit dem Herzen. Die erwartbaren Gefühle von Stolz, Freude, Rührung und Erschöpfung stellten sich nicht ein. Vielmehr Irritation und Trauer. Eine *Compostela* wollte ich nicht, sie hätte mir nichts bedeutet.

Die Diskrepanz zwischen äußerem und innerem Ankommen hätte in diesem Moment nicht größer sein können. Das Alleinlaufen fand ich schön. Das Ankommen ohne eine andere Person empfand ich hingegen als grauenvoll. Da saß ich, einsam, mit meinem vollgepackten Rucksack auf dem Praza do Obradoiro vor der Kathedrale. Ich ging auf direktem Weg Richtung *Seminario Menor*, dem ehemaligen Knabeninternat, wo ich eine Schlafkammer über das Internet gebucht hatte. Auf einmal rief jemand meinen Namen. Es war meine italienisch-spanische Pilgergruppe. Wir freuten uns sehr über das Wiedersehen. Nie wieder wollte ich allein in Santiago ankommen.

Wie lang muss eine Pilgerreise sein?

Eine Pilgerreise ist eine Reise ins Fremde und Ungewisse. Im Laufe der Jahre entdeckte ich aber, dass man nicht erst tausende Kilometer ins Ausland fliegen muss, um auf dem Jakobsweg zu laufen. Der Jakobsweg beginnt vielmehr vor der eigenen Haustür.

—

Seit über 30 Jahren stärkt der Europarat den Zusammenhalt in Europa durch Kulturwege. Der allererste Kulturweg war 1987 der Jakobsweg. In vielen Regionen in Deutschland wird dieser Weg mit Hinweisschildern und Pilgermuscheln ausgewiesen. In Berlin startete ich im Jahr 2019 eine entsprechende Initiative, die Unterstützung durch mehrere Parteien fand und so manches Pilgerherz in der Hauptstadt höherschlagen ließ.

—

Es gibt ein ganzes Wegenetz durch ganz Europa, ähnlich wie ein Spinnennetz ausdifferenziert.

Viele Pilgerwege führten früher durch Deutschland, allerdings sind sie zunehmend in Vergessenheit geraten oder durch Flurneuordnung von der Landkarte verschwunden. Wer pilgert, durchläuft vergessene Räume. So lernte ich Brandenburg, aber auch Thüringen, Sachsen und Bayern von einer neuen Seite kennen. Manchmal allein, häufig aber in Gesellschaft von Pilgerfreunden, die ich bereits kannte.

Zu Weihnachten 2015 bemerkte ich erstmals das Jakobswegsymbol, eine gelbe Muschel auf blauem Untergrund, in meiner Heimatstadt Zwickau. Die *Via Imperii* diente in früheren Zeiten den Römern als Handelsstraße. Über Berlin, Leipzig und Nürnberg führt dieser Weg durch die heutigen Bundesländer Brandenburg, Sachsen-Anhalt, Thüringen, Sachsen und Bayern. Etwa ein halbes Jahr nach der Entdeckung dieser Ausschilderung nahmen meine Pilgerfreundinnen Christine, Maria, Renate und ich diesen Weg auf uns. Wir starteten in der thüringischen Skat-Stadt Altenburg, in der meine Mutter geboren wurde.

Die Planungen im Vorfeld waren, obwohl wir durch das eigene Land pilgerten und Sprache kein Problem darstellte, von Dialekten einmal abgesehen, erheblich größer als bei einer Pilgerreise durch Spanien. Insbesondere die Unterkünfte bedurften einer intensiven Planung.

Der Weg war zu unserer Überraschung durchgehend gut ausgeschildert und verlief anfangs auf der gleichen Strecke wie der Lutherweg. Und obwohl Deutschland in der Fläche viel dichter besiedelt ist als Spanien, war der Weg sehr schön. Es ging auf kleinen Pfaden durch die Natur, lange Straßenstrecken blieben uns erspart.

Aber Pilgern in Ostdeutschland? Gleich am zweiten Tag wurden wir in Sachsen von einer alten Frau gefragt, was wir hier machen würden. Sie fand es komisch, dass eine Gruppe Menschen mit Rucksack durch ihr Dorf kam. Wir berichteten stolz von unserer Pilgerreise, doch mit „pilgern" konnte sie nichts anfangen. Wir übersetzten es notgedrungen mit „wandern". Aber wohin würden wir wandern? Wir sagten ihr, dass wir Richtung Santiago de Compostela laufen würden. Sie lachte, als sie erfuhr, dass das in Spanien ist. Wir verneinten, dass wir bis Spanien laufen würden, aber Santiago uns die Richtung vorgeben würde. Sie fand das alles sehr komisch und wünschte uns alles Gute.

Da ich „Pilgern“ und „Wandern“, wenn es vermeidbar war, niemals synonym verwendete, stellte ich mir selbst die Frage, was der Unterschied sei. Ich beantwortete es für mich so: Beim Pilgern bewege ich mich nicht nur äußerlich, sondern auch innerlich.

Doch pilgerten wir tatsächlich oder wanderten wir? Mir fehlte die Magie, die ich sonst auf dem Jakobsweg wahrnahm. Ich fühlte nicht das Gleiche wie auf meinen Pilgerreisen in Spanien. Es lag auch nicht am atheistischen Osten, denn in Bayern, besser gesagt im Frankenland, ging es mir ebenso.

Wir waren von Anfang an in der Gruppe unterwegs. Und aufgrund des fehlenden Herbergsnetzes standen die Tagesetappen auch schon alle fest. Es blieb daher wenig Spontaneität. Die Unterkünfte bei evangelischen und katholischen Kirchgemeinden sowie bei meinen Eltern und in Pensionen waren zwar mit großer Gastfreundschaft und Herzlichkeit verbunden, aber eines fehlte ganz gewiss: die anderen, die fremden Pilger. Wir waren alleine unterwegs auf diesem schönen Weg. Der Austausch mit bis dato unbekannten Pilgern fehlte. Wir hatten zwar uns, aber eine Offenheit für das Fremde und das Neue war so nicht erforderlich.

—

Es sind wesentlich weniger Pilger auf deutschen Jakobswegen unterwegs. Vor Pilgerscharen muss sich in Deutschland niemand fürchten. Eher im Gegenteil, Pilgern ist oft ein einsames Unterfangen. Anders als in Spanien wissen die wenigsten Einheimischen hier über den Jakobsweg Bescheid. Das bietet aber auch die Möglichkeit, einmal wirklich Zeit für sich selbst zu haben. Die kulturellen und vor allem sprachlichen

Unterschiede, auf die man als Pilger in Frankreich, Portugal oder Spanien trifft, fallen weg.
Zugleich ist es schwieriger, Abstand zum Alltag zu gewinnen, da das Zuhause nur wenige Kilometer oder Stunden entfernt ist. Wer beim Pilgern einen schlechten Tag hat, was vorkommt, wirft eventuell schneller das Handtuch als in Spanien, wo ein weiter Rückweg vor ihm läge.
Die Schwelle, aufzubrechen und loszupilgern, ist in Deutschland wesentlich geringer. Wer nicht erst tausende Kilometer und Landesgrenzen überwinden muss, traut sich eher loszulaufen. Auch ist es möglich, klein anzufangen und erst einmal nur ein langes Wochenende unterwegs zu sein.
—

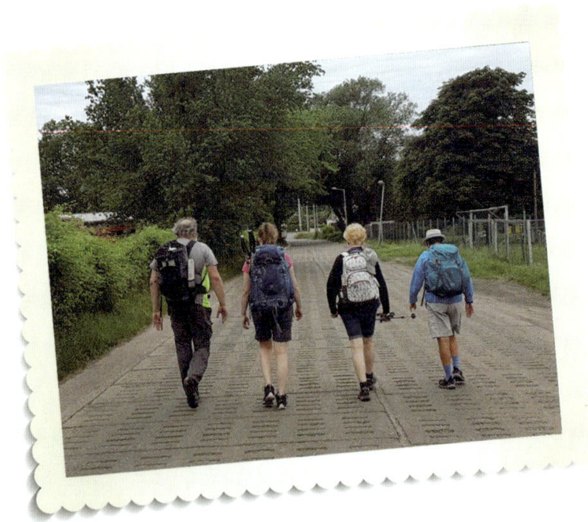

Immer wieder pilgerte ich in den kommenden Jahren kurze Strecken durch Deutschland. Das Unterwegssein unterschied sich sehr von meinen Pilgerreisen im Ausland. Aber ich konnte die Wege in der Heimat genießen.

Auch in Spanien kann man sehr kurze Wege gehen. Und zugleich in Santiago ankommen. Der *Camino Inglés* war hierfür ein gutes Beispiel.

Als ich auf dem Portugiesischen Weg unterwegs war, hatte ich es überhaupt nicht geschafft, mich zu reduzieren, mit wenig auszukommen. Die Hälfte meines Gepäcks hätte ich wetterbedingt nicht gebraucht. Und ich selbst fühlte mich – trotz Tiefschlägen wie zwischenzeitlichem Sonnenstich – nicht ausgelastet. Also stieg ich in den Zug nach A Coruña. Kaum zu glauben, aber ich freute mich über die Kühle an der Atlantikküste und sogar darüber, als am Herkulesturm der Regen einsetzte. So konnte ich endlich meine mitgebrachte Regenkleidung benutzen.

—

Der *Camino Inglés*, also der Englische Weg, beginnt an der Nordküste Spaniens. Hier gingen früher die Briten an Land und begannen nach einer Seereise ihre Pilgerschaft zu Fuß.
Es gibt zwei verschiedene Küstenorte als Startpunkt. Von Ferrol sind es etwa 120 Kilometer bis Santiago, ab A Coruña sogar nur 75 Kilometer.
Insbesondere für Menschen mit wenig Zeit ist der *Camino Inglés* eine schöne Variante. Vor wenigen Jahren war der Weg noch ein echter Geheimtipp. Nun ist er der geheime Newcomer.
Die Herbergen auf dem Weg sind sehr gepflegt, einige sind auch behindertengerecht.
Anfangs führt der Weg noch an der Küste entlang. Später verlässt er die Küste und verläuft durch das verträumte Galicien.
Da die Wegvariante ab A Coruña eine Gesamtlänge von weniger als 100 Kilometern aufweist, hat man nach

allgemeiner Pilgerregel in Santiago keinen Anspruch auf die Pilgerurkunde. Diese Regel soll – so hat mir eine mitpilgernde Spanierin erzählt – für den Englischen Weg geändert worden sein. Ich habe dies nie überprüft, da ich für mich selbst pilgere und nicht für Urkunden.

Der *Camino Inglés* empfiehlt sich als eigenständiger Weg, aber auch als Verlängerung einer anderen Pilgerreise.

—

Auf dem *Inglés* begegnete ich nach A Coruña fast keinen Menschen. Auch die hübschen kleinen Dörfer waren nicht besonders belebt. Ein Ort der Ruhe.

Ich hatte die Anstrengung des Tages mit Anreise, Stadttour und Wegabschnitt etwas unterschätzt. Die nächste Herberge lag einige Stunden vor mir. Ich tankte im Schatten eines alten Dorfbrunnens Kraft. Ich vernahm Kindergeschrei. Ein kleiner Junge, vielleicht acht Jahre alt, lief auf mich zu. Er erzählte mir aufgeregt, dass er aus Madrid komme und mit seinen Eltern Oma und Opa besuche. Mein Spanisch reichte dafür aus, ihm zu vermitteln, dass ich ein „Peregrino", also ein Pilger sei. Voller Begeisterung lief er seiner Familie entgegen und rief, als ob es ein Lotto-Gewinn sei, einen Pilger zu treffen: „Peregrino, Peregrino!" Es machte mich stolz, welche Begeisterung ich in dem Kleinen wecken konnte, und zog zuversichtlich weiter.

Nach nur drei Tagen kam ich auf einem sehr schönen Weg erneut in Santiago an. Wieder allein, aber nicht mehr einsam. Jetzt war ich bereit, zurückzureisen. Der nächste Camino folgte sowieso schon in zwei Monaten. Ich hatte einem Pilgerfreund, den ich im Frühjahr am Ende der Welt kennengelernt hatte, versprochen, mit ihm zusammen den Englischen Weg ab Ferrol zu laufen.

Obwohl schon Ende Oktober war und Galicien nicht als Sonnenfleck auf der Iberischen Halbinsel bekannt ist, lief ich im T-Shirt. Nach der zweiten gemeinsamen Pilgernacht begrüßte mich mein 29-jähriger Pilgerfreund mit: „Was ist denn mit dir los, Alter?“ Ich hatte unruhig geschlafen. Angeblich hatte ich im Schlaf geschrien und geschimpft. Ich erinnerte mich an die verrückte Alte auf der *Vía de la Plata.* Hatte ich nun ihre Rolle eingenommen?

Auch wenn ich in guter Gesellschaft in Santiago ankam, bedeutete diese Ankunft nicht viel. Es war – wie das Pilgern in Deutschland – ein netter Kurzurlaub, aber mehr nicht.

Es lag nicht an der kurzen Dauer der Pilgerreise, sondern der fehlenden Bereitschaft loszulassen und nur auf den Weg zu vertrauen. Dazu war ich zu dem Zeitpunkt einfach nicht bereit.

Ganz anders ging es Martin. Wir kannten uns aus dem Undogmatischen Pilgerforum auf Facebook, das er als einer der fleißigen Administratoren betreute. Martin hatte seinen Job und seine Wohnung gekündigt. Er war drei Monate zuvor von Zuhause losgelaufen, sein Fußmarsch startete in Frankfurt an der Oder. Er war die Strecke über Konstanz und die Schweiz gepilgert und hatte stolze 3.340 Kilometer zurückgelegt.

Martin und ich hatten uns vor dem Seiteneingang der Kathedrale von Santiago verabredet. Ich erkannte ihn kaum wieder. Der beleibte Mann hatte ordentlich an Gewicht verloren. Und er sah vor allem eines aus: glücklich.

Er war in die Fremde gegangen, hatte verschiedene Gegenden erlebt und Menschen kennengelernt, denen er bis dato unbekannt war. Pilgern ermöglichte ihm, Abstand zu gewinnen, um anschließend vielleicht etwas klarer in Kopf und Seele heimzukehren.

Am nächsten Tag begleitete ich Martin ein paar Stunden Richtung Ende der Welt. Ich freute mich, Teil seines großen Abenteuers sein zu dürfen. Irgendwann wollte ich auch einmal so mutig sein und meiner Leidenschaft freien Lauf lassen, um in Berlin-Schöneberg, wo ich wohnte, loszulaufen. Was auch immer danach kommen würde.

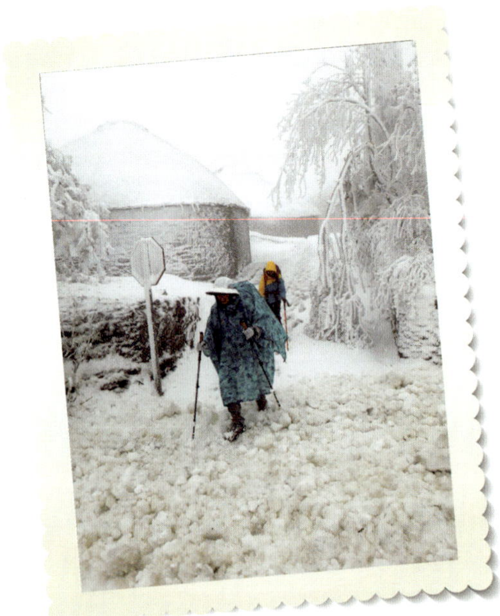

—

Pilgern war schon im Mittelalter die einzige Möglichkeit für den einfachen Mann, sich im wahrsten Sinne des Wortes vom Acker zu machen und alles hinter sich zu lassen.

—

Doch jetzt musste ich erst einmal lernen, dass Pilgern keine Strategie war, um vor Problemen wegzulaufen. Also krempelte ich die Ärmel hoch und stellte mich den Herausforderungen in Berlin, die mir nie wieder den ruhigen Schlaf rauben sollten.

Und Martin? Der machte immer wieder Dinge, die mich inspirierten – und sei es eine Pilgerreise im Winter.

6
SECHS WOCHEN AUF DEM CAMINO

Pilgerprofis

Eigentlich war ich stets ein eher bescheidener Mensch. Aber durch den Bitcoin-Hype ließ ich mich von der Habgier anstecken. Lottospielen wäre weniger verlustreich gewesen. Ich ärgerte mich über meine Dummheit. Und auf der Arbeit? Dort hatten wir mit der „Ehe für alle" einen großartigen politischen Erfolg errungen. Die verärgerten Rechtsextremen konnten uns diesen Sieg nicht mehr nehmen. Ich war sogar Trauzeuge bei der ersten gleichgeschlechtlichen Hochzeit in Berlin. Was für ein sensationelles Medienspektakel. Doch statt das Erreichen dieses Meilensteins länger auszukosten, mussten wir uns von einer mir bis dato unbekannten linksextremen Gruppe mit Rufmord terrorisieren lassen.

Berufliches Theater. Private Fehlentscheidungen. Der perfekte Zeitpunkt, um der deutschen Hauptstadt den Rücken zu kehren und die Seele auf dem spanischen Jakobsweg baumeln zu lassen. Ich wollte ab Ende März sechs Wochen am Stück freinehmen, genug Urlaub hatte sich auf jeden Fall angesammelt.

Ich bot meinem Arbeitgeber an, den Laptop mitzunehmen, um dringende Sachen von unterwegs zu erledigen. Doch dieser lehnte ab und schickte mich mit Diensthandy- und Laptop-Verbot in die Auszeit. Ich akzeptierte. Gemäß meiner protestantischen Arbeitsethik nicht dankend, sondern widerwillig. Später musste ich erkennen, dass mir ein großartiges Geschenk gemacht wurde. Meine engagierten Kolleginnen und Kollegen hatten den Laden auch ohne mich gut im Griff.

Das Verlassen der persönlichen Umgebung für eine so lange Zeit hatte Wille und Motivation erfordert. Doch da ich wusste, was ich wollte, machte ich es einfach und kümmerte mich nicht darum, ob andere schlecht darüber redeten.

Ich wollte den *Camino del Norte* ein zweites Mal laufen, an einem Stück. Und über den *Camino Primitivo* den Weg abschließen. Das malerische Hondarribia war mir in wunderbarer Erinnerung.

Von Christine und Maria wusste ich, dass das kleine Flugfeld bei Hondarribia der Flughafen von San Sebastián war. Von dort konnte man in zehn Minuten zu Fuß ins Ortsinnere gehen. Zunächst flog ich bis Madrid, und von dort ging es mit einer kleinen Propellermaschine weiter, die die Größe eines Busses hatte. Ich wusste zwar, wann ich zurückmusste, aber nicht, von wo. Daher hielt ich mir den Rückflug offen.

Da ich mich dieses Mal nicht auf der Flucht vor einer Bonding-Gruppe befand, wollte ich in der Kirchenherberge der Hafenstadt Pasaia übernachten, die von Malereien einer einstigen Hippie-Kommune geprägt war. Doch die in meinem Pilgerführer erwähnte Öffnungszeit war nicht korrekt. Denn die

Herberge war zu meinem Leidwesen winterbedingt noch geschlossen. Also musste ich doch wieder bis San Sebastián laufen.

Kurz vor San Sebastián wunderte ich mich über die Quietschgeräusche meiner Schuhe. Zunächst nahm ich diese nicht ernst, da ich mich schnell an Geräuschen störe, die andere häufig gar nicht wahrnehmen. Aber in diesem Fall war ein Blick an die linke Schuhsohle geboten, denn diese löste sich gerade ab. Und das am ersten Tag einer sechswöchigen Pilgertour.

Dieter aus Österreich, den ich inzwischen kennengelernt hatte, empfahl mir eine Rücksendung der Schuhe an den Hersteller. Aber im Hier und Jetzt half mir das wenig.

Während wir zusammen einen Berg hochliefen, stellte der Österreicher kritisch fest, dass ich zu laut atmen würde. Ich erwiderte, dass ich Asthmatiker bin. Er hingegen meinte, ich sei einfach nicht fit.

Entscheidend war aus meiner Sicht nicht die Fähigkeit zu sportlichen Höchstleistungen, sondern die Sehnsucht nach dem Weg. Und diese war groß.

In San Sebastián verbrachte ich die ersten zwei Stunden in einem Schuhgeschäft. Als ich das Sportgeschäft verließ, kamen Zweifel in mir auf, ob es klug sei, in neuen Schuhen zu pilgern. Also beschloss ich, die alten Schuhe zusätzlich zum Schuster zu bringen.

Der Schuster, auf Spanisch „Zapatero", blies die Backen und zweifelte, ob eine Reparatur möglich wäre. Er bat um zwei Stunden Geduld. In Deutschland hätte ich sicher zwei Wochen warten müssen. Ich war begeistert, zumal mich der ganze Spaß nach erfolgreich erledigter Arbeit nur wenige Euro kostete.

In den kommenden Wochen wiederholte sich dieses Spiel mehrmals, denn die Sohle löste sich nach etwa 200 Kilometern immer wieder ab. Und die neuen Schuhe trug ich nur am Abend, denn sie waren zu hart. Die alten wiesen zwar keine Wasserdichtigkeit mehr auf, aber ich gewöhnte mich an nasse Füße und genoss ab der Mittagsstunde den warmen Asphalt und das „Trockenlaufen".

Da ich kein Schuhlager mit mir herumschleppen wollte, hinterließ ich in einer Herberge ein Paar Schuhe, das ich mitgenommen hatte, um es abends zu tragen. Vielleicht würde es verzweifelten Pilgern mit Schuhproblemen helfen.

Ich hatte alles perfekt vorbereitet. Aber meine Reise startete wieder als Abenteuer mit neuen Herausforderungen. Die unerwarteten Probleme vereinfachten meinen mentalen Ausstieg auf Zeit.

—

Aufbrechen ist alles andere als einfach. Es ist wichtig, sich vorzubereiten, damit der Aufbruch nicht überstürzt geschieht und die Probleme überschaubar bleiben. Zum Pilgern gehört es, sich gut zu informieren. Aber nicht alles lässt sich planen.

—

Die ersten Widerstände hatte ich überstanden. Und das gab mir zusätzliches Selbstbewusstsein. Ich würde den Weg auch bewältigen und sogar genießen können, wenn nicht alles perfekt läuft. Der von Ängsten geprägte Alltag trat in den Hintergrund. Glaube und Vertrauen leiteten mich.

Dort, wo ich einst den ersten richtigen Pilgerabend erlebt hatte und unter anderem Maria und Christine kennenlernte, wollte ich wieder nächtigen.

In Orio, bei Mama Camino. Rosa war inzwischen eine alte, gebrechliche Frau geworden. Sie freute sich, mich wiederzusehen. Nicht, dass sie mich erkannte. Aber ich erzählte ihr von meinem ersten Aufenthalt hier.

Ihre Tochter hatte inzwischen die Herbergsleitung übernommen, aber Rosa wies alle ankommenden Pilger gern ein und zeigte, wo Stöcke und Schuhe hinzustellen seien. Alles hatte hier seine Ordnung.

Im Laufe des Abends wurde die Herberge noch richtig voll. Den Nachmittag verbrachte ich allein mit Elisa und David. Elisa war eine Neupilgerin aus Deutschland. David war ein erfahrener Pilger aus der Schweiz, der den Küstenweg bereits das dritte Mal lief und ihn noch viele Male laufen würde. Er kannte den Weg wie seine Westentasche.

Ich hielt mich zurück, denn unsere Pilgeranfängerin war ein typischer Frischling, der einem Löcher in den Bauch fragen konnte. Und David hatte bereits die Rolle des Experten bereitwillig angenommen. Da wollte ich mich lieber nicht einmischen.

Beim Abendessen sprachen wir das erste Mal richtig miteinander. Ich fand die beiden sehr nett. Mein kontaktfeindlicher Panzer war schnell wieder dahin. Ich plapperte wie ein Wasserfall.

David mochte Mama Camino nicht. Er nannte sie unter uns ein „garstiges altes Weib“, die einem rüde Anweisungen geben würde. Da musste ich widersprechen, denn in meinem Herzen hatte sie einen festen Platz.

Elisa sprach in der Mehrzahl immer von den „Pilgerern“. Ich konnte sie nur schwer davon überzeugen, dass die Mehrzahl „die Pilger“ lautet, ohne eine weiteres „er“. Und dass auch in keiner anderen grammatikalischen Form eine solche Worterweiterung richtig sei. Für Elisa waren wir umgangssprachlich aber weiter „Pilgerer“. Die Begegnung mit den beiden war erfrischend.

Von Orio nach Deba liefen David und ich großteils zusammen. Er machte mir unmissverständlich klar, dass er maximal einen Tag in Begleitung von jemandem laufen würde, egal wie schön es zusammen sei. Ich fand später heraus, dass das so nicht stimmte. Offenbar hielt er mich für eine Klette. Dem wollte er vorbeugen.

Pilger suchen Seelenheil. Bei Elisa war es eine berufliche Orientierungslosigkeit, die sie beschäftigte. Was es bei David war, hatte ich noch nicht herausgefunden. Was auch immer unsere jeweiligen Gründe waren, wir hatten uns aufgemacht, Geist, Körper und Seele in ein Zusammenspiel zu bringen.

—

Pilgern auf dem Jakobsweg tut der Gesundheit gut, sowohl in körperlicher als auch in psychischer Hinsicht. Durch selbstbestimmte Bewegung lernte auch ich, auf mich selbst Rücksicht zu nehmen und mich selbst zu respektieren. Das eigene Tempo ist auf dem Camino wie im Leben dabei ganz wichtig.

—

David gab mich am nächsten Tag bei Elisa ab. Als wir in Deba starteten, überredete ich die unerfahrene Elisa, dass wir beide erst im nächsten Ort frühstücken und uns zunächst das Frühstück verdienen sollten. Ich vergaß, dass die Region nicht dicht besiedelt war und wir erst März hatten. Den ganzen Tag gab es weder ein Café noch einen Supermarkt oder Dorfladen. Wir mussten uns mit den Resten aus unseren Rucksäcken begnügen. Ich hatte zum Glück genug Wasser dabei, das für uns beide reichte. Elisa hatte noch eine Orange im Rucksack. Das war dann aber auch alles und eindeutig zu wenig.

Da hatte Elisa auf einen vermeintlichen Profi gehört und musste nun hungern. Der Weg war hügelig und aufgrund des lehmig-schlammigen Untergrundes kamen wir sehr langsam voran.

Nach 23 mühsamen Kilometern erreichten wir am späten Nachmittag Markina-Xemein. Wir steuerten die erstbeste Bar an. Unser nachgeholtes Frühstück war ein halber Liter Bier für jeden und eine Käse- und Wurstplatte mit Brot. Unsere Körper freuten sich über diese prickelnde Energiezufuhr und Elisa verzichtete auf dem Weg ab sofort nie wieder auf Frühstück.

Ich schwärmte von einem Bauernhof, bei dem ich drei Jahre zuvor als Pilger untergekommen war. Aber ich konnte mich nicht mehr an den Weg zu der abgelegenen Bauernhofherberge erinnern. Zunächst ging es daher Richtung Supermarkt, um unterwegs nicht mehr Durst und Hunger leiden zu müssen. Vor dem Supermarkt fragte Elisa eine Frau nach dem Weg zu dem Bauernhof. Da es die Bäuerin selbst war, nahm sie uns mit dem Auto mit. Wir konnten unser Glück kaum fassen.

Als ich der Bäuerin und ihrem Mann erzählte, dass ich schon das zweite Mal hier sei, erwiderte die Frau amüsiert: „Wie kann man denn hier Urlaub machen? Es regnet doch fast immer.“ Und tatsächlich regnete es auch an diesem Abend wieder. Aber wir waren behütet, warm und trocken untergekommen. Und genau wie ich es in Erinnerung hatte, gab es am Abend ein Menü mit Eiern und Fleisch vom Hof. Es war einfach und sehr schmackhaft.

Am nächsten Tag trafen wir auch wieder auf David, der wirklich jede Stelle des Weges vorhersah beziehungsweise sich genau erinnern konnte. Ich konnte mich, auch wenn ich das zweite Mal hier war, an so gut wie nichts erinnern. Und während ich grübelte, wo ich die nächste Nacht verbringen sollte, wusste David ganz genau, welche gemütliche Herberge er ansteuern wollte. Elisa folgte ihm.

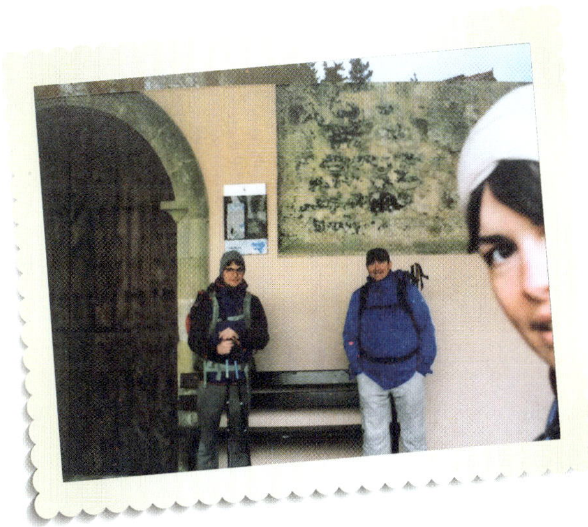

Und ich? Ich floh vor mir selbst. Nach dem Prinzip „schneller, höher, weiter“ lief ich meinen neuen Pilgerfreunden davon. Ich verstand mal wieder nicht, dass Pilgern der Gegenentwurf zum hektischen Alltag ist.

Wenige Tage später eine erschrockene Elisa, die uns via WhatsApp unmittelbar berichtete: Niemand hatte sie vor den Büßern mit Spitzhauben zur Karfreitagsprozession gewarnt, die aussahen wie Anhänger des rassistischen Ku-Klux-Klans. Wir hatten ihr viel über das Pilgern und unsere Erfahrungen erzählt, aber die wirklich wichtigen Informationen hatten wir ihr offenbar vorenthalten. Sie musste den Weg selbst kennenlernen mit all seinen Höhen und Tiefen.

Das Glück finden

Drei Monate zuvor hatte ich mit der schwangeren Katja und ihrem Jorge Silvester gefeiert. Statt uns zu betrinken, diskutierten wir mögliche Vornamen für ihre Tochter. Irgendwann war „Elisa“ im Gespräch. „Du meinst Lisa?“, korrigierte ich Katja. „Nein, Elisa“, antwortete sie. Diesen Namen hatte ich noch nie gehört. Was sollte denn das „E“ vor dem eigentlichen Namen?

An diesem Abend fiel auch meine Entscheidung, sechs Wochen Auszeit zu nehmen. Einen Camino am Stück. Nicht von zu Hause losgehen, aber an der französischen Grenze.

Drei Monate nach dem gemeinsamen Silvesterfest und drei Jahre nachdem Katja und Jorge sich im Baskenland kennengelernt hatten, lebte Jorge inzwischen in Berlin. Während ich wieder durch das Baskenland lief, heirateten die beiden in Deutschland. Katja war bei der Hochzeit schon hochschwanger. Wenige Tage später wurde ein bezauberndes kleines Mädchen geboren, das wie meine derzeitige Wegbegleiterin Elisa heißen sollte. Katja und Jorge hatten definitiv ihr Glück gefunden. Und der Camino war nicht ganz unschuldig daran.

Lange Zeit vertrat ich die Ansicht, dass sich Pilger von ihrer besonders guten Seite zeigen. Das stimmte gewissermaßen auch. Zugleich sind Pilger keine besseren Menschen. Aber ihre größere Unvoreingenommenheit gegenüber Fremden führt dazu, das Gute in anderen zu sehen.

Katja zeichnete sich, seitdem ich sie kannte, durch menschliche Zugewandtheit aus. Wenn jemand aus unserem Freundeskreis Beziehungsprobleme oder andere Sorgen hatte, Katja war immer für uns da. Sie wirkte zufrieden und mit sich selbst im Reinen.

Im Gegensatz zu mir war sie niemals über den Jakobsweg gehetzt. Und zugleich machte der Weg auch etwas mit ihr. Sie war eine typische Lehrerin. Ihr Freundeskreis bestand zum Großteil aus Lehrerinnen oder anderen Akademikern. Sie war sprachgewandt. War viel gereist. Und sehr hübsch. Meine Mutter hatte in den Jahren davor immer wieder zum Ausdruck gebracht, wie schade es doch sei, dass „so eine Hübsche" keinen Partner hat. Ich konnte immer nur erwidern, dass es im Falle einer hässlichen Frau nicht weniger bedauerlich wäre.

Hübsch, intelligent und empathisch – und trotzdem war sie allein. Denn so offen war sie doch nicht. Als Partner kam außer Akademikern höchstens ein verwegener Surfer oder Gitarrist infrage. Jorge war aber weder das eine noch das andere. Er besaß einen Laden in einem nordspanischen Dorf. Und ein großes Herz, einen feinen Sinn für Humor und viel Geduld. Nur an einem Ort wie dem Jakobsweg sah Katja ihn. Und während viele Menschen das unerwartete Glück nicht erkennen, wenn es zum Greifen nah ist, ließ Katja es zu.

Doch was ist Glück wirklich? Kurz nach dem Abitur fragte mich mein Freund Kristian, ob ich lieber erfolgreich oder glücklich wäre. Ich antwortete doch tatsächlich „erfolgreich". Bereits damals merkte Kristian kritisch an: „Und wie kannst du das genießen, wenn du nicht glücklich bist?" Meine dumme, vom Ehrgeiz getriebene Antwort blieb mir über viele Jahre in Erinnerung.

Nun pilgerte ich entlang der wunderschönen Atlantikküste. Mein Freund Frank von der *Vía de la Plata* war in Bilbao verabredungsgemäß zu mir gestoßen. Und wir genossen die einfachen schönen Dinge.

Kurz hinter Castro Urdiales freute ich mich sehr auf eine Küstenstelle, an der ich beim ersten Mal vorbeigeeilt war. Als wir ankamen, stand dort diese alte Bank. Dank der Sonneneinstrahlung war der Ort noch schöner als in meiner Erinnerung. Die türkisfarbenen Wellen schlugen an die Steilküste. Es war wie im Traum. Ich hüpfte trotz meines schweren Rucksacks vergnügt Richtung Wasser. Vielleicht tänzelte ich auch etwas. Es war der perfekte Moment, den ich hier mit Frank erleben durfte. Doch zum Sitzen auf der Bank kam ich nicht, da 30 Sekunden später ein heftiger Hagelschauer auf uns niederschlug. Aufgrund des starken Windes fühlten sich die erbsengroßen Hagelkörner wie eine streng geführte Peitsche an. Auch wenn ich jetzt schmerzerfüllt quiekte, war ich einfach nur dankbar für das vorangegangene Glücksgefühl.

Frank und ich kamen in den nächsten Tagen gut voran. Wir waren fast immer die Schnellsten und auch ein bisschen stolz darauf. Aber mit einem jungen Bundeswehrsoldaten konnten wir nicht

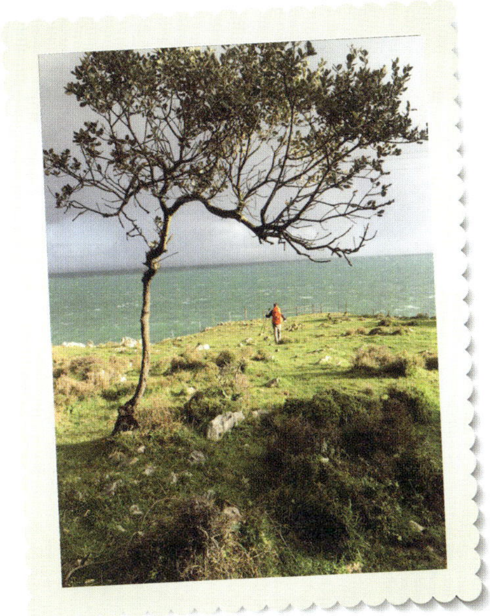

Schritt halten. Wir hatten ihn schon zwei Stunden vor unserer ersten Begegnung in der Ferne gesehen. Uns packte der Ehrgeiz, wir wollten diesen Typen einholen, denn niemand sollte schneller sein als wir. „Sobald wir ihn eingeholt haben, stoßen wir ihn in den Graben", witzelte Frank. „Oder ich werfe ihm einen meiner Wanderstöcke zwischen die Beine", schlug ich vor. Doch kaum hatten wir ihn eingeholt, kam es nur zu einem kurzen Gespräch.

„Hier gibt es einen Typen, der ständig seine Sachen verliert und dem man alles hinterherbringt", wusste der junge Bundeswehrsoldat amüsiert zu berichten. „Ich weiß, das bin ich", erwiderte ich erschöpft. Ich hatte mir über den vergangenen 300 Kilometer einen besonderen Ruf erlaufen, der sich bis zu dem Soldaten herumgesprochen hatte. Meine in einer Herberge vergessenen Wandersocken waren bereits seit fast zwei Wochen im Gepäck von Elisa.

David hatte sie zwar gesichert, aber er wollte sie nicht in seinem Gepäck haben, da sie angeblich nicht gut rochen. Elisa hingegen hielt tapfer durch und überreichte mir die Socken einige Wochen später bei einem kurzen Wiedersehen. Mit anderen Gegenständen dauerte es weniger lange. Meine Badelatschen wurden mir bereits fünf Minuten nach Verlust hinterhergebracht. Sie hingen außen am Rucksack. Ich hatte nicht bemerkt, dass sie abgefallen waren. Eine Unterhose, die ausnahmsweise zum Trocknen am Rucksack hing, und der Gummipuffer für meinen Wanderstock waren definitiv für immer weg. Was war nur los mit mir? Das ging langsam richtig ins Geld. Zugleich war meine Trotteligkeit ein Eisbrecher zum Kennenlernen anderer Menschen.

Nun mussten Frank und ich aber dringend verschnaufen. Der sportliche Soldat war wieder auf und davon. Erst später am Abend holten wir ihn ein, als er ebenso wie wir eine Unterkunft suchte. Frank und er verstanden sich auf Anhieb gut, während ich mich üblicherweise in Frauenrunden wohler fühlte. Ich konnte mich aber auch für das schlichte Alleinsein begeistern.

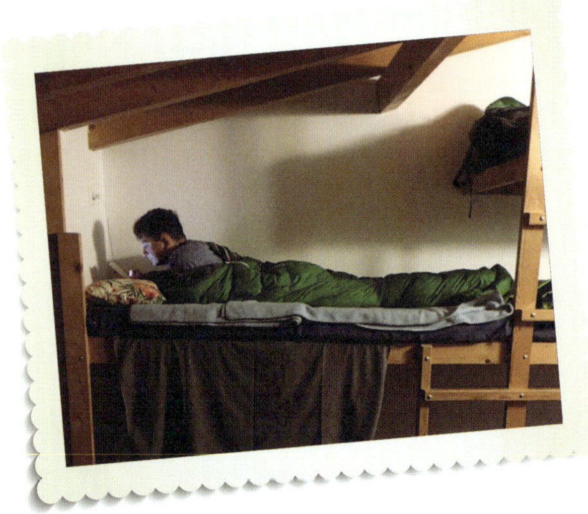

Nicht schon wieder Bettwanzen

Der morgendliche Blick aufs Meer war wunderschön. Auch wenn der Weg anstrengend war und das Wetter innerhalb eines Tages zwischen Sonne und Regen häufig wechselte, konnte ich den Weg mit Frank sehr genießen.

Frank konnte kaum glauben, dass ich hier schon mal gepilgert war, da ich ständig sagte: „Daran kann ich mich gar nicht erinnern.“ Aber mein Blick war damals aufgrund des starken Dauerregens häufig zu Boden gerichtet. Nun konnte ich einige Abschnitte des Weges in aufrechtem Gang bei Sonnenschein erleben.

Einen Schlafplatz zu bekommen, war nach den Osterfeierlichkeiten kein Problem mehr. Frank und der junge Bundeswehrsoldat becherten an diesem Abend ordentlich Alkohol. Ich lag schon im Bett, über mir ein riesiger beleibter US-Amerikaner, den ich Balu taufte. Das Bett bog sich nach unten durch, was ich als etwas bedrohlich empfand.

In der Nacht konnte ich kaum ein Auge zu machen. Wir hatten zwar nur ein Vier-Bett-Zimmer, aber drei Personen schnarchten unerträglich laut. Abwechselnd wachte einer der Herren auf und beschwerte sich über das Schnarchen der anderen beiden. Dass ich das einzige „Opfer" im Raum war, war ihnen jeweils nicht klar. Ich nahm es mit Humor und zog am nächsten Morgen mit Frank weiter.

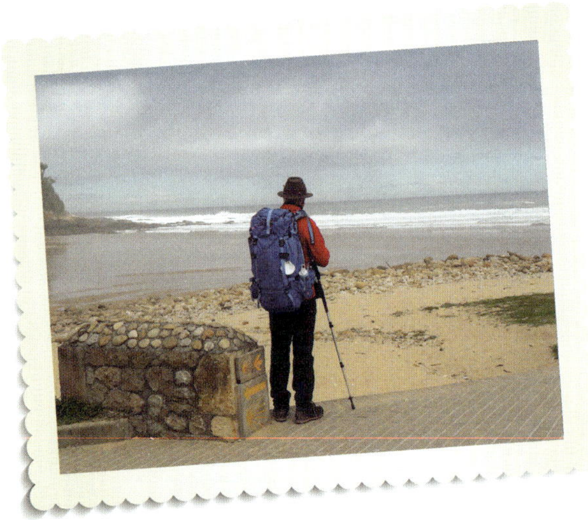

Weder die heftigen Hagelschauer, die immer wieder auf uns herabprasselten, noch die nächtliche Unruhe oder der Verlust meiner Pilgerutensilien konnten meine gute Laune mildern.

Aber diese plötzlich auftauchenden Insektenstiche nervten mich. Für Mücken war es zu früh im Jahr. Waren es etwa schon wieder Bettwanzenbisse? Ja!

Als ich auf der *Vía* erstmals von Bettwanzen gebissen wurde, hatte ich die Erfahrung gemacht, dass sich andere Pilger angewidert von mir abwendeten beziehungsweise einen Sicherheitsabstand suchten. Frank war ganz entspannt, sowohl auf der *Vía* als auch hier. Zugleich plädierte mein Pilgerfreund dafür, die Chemiekeule zur Hilfe zu nehmen. Wir gingen in ein Werkzeugfachgeschäft, wo es auch Chemikalien gab. Der Verkäufer riet dringend davon ab, solch aggressive Mittel in die Nähe der Haut kommen zu lassen. Frank war hingegen davon überzeugt, dass alles – mein Schlafsack, meine Kleidung, mein Rucksack – damit behandelt werden müsste. Als Asthmatiker fand ich das bescheuert. Ja, die Bisse hatten sich wieder entzündet. Aber ich glaubte noch an einen einmaligen Vorfall.

Wir waren inzwischen auf dem *Camino Primitivo.* Frank überraschte mich mit der Info, dass er noch länger mit mir laufen könne, da seine Frau Alice nichts dagegen habe. Dazu meinte ich: Er könne natürlich noch den *Primitivo* erleben, ich würde ab sofort aber gerne alleine laufen. Ich brauchte Zeit nur für mich. Meine Aussage fand Frank ziemlich hart. Aber er schätzte Direktheit und entschied sich sodann doch für die Abreise. In Oviedo sollten sich unsere Wege trennen, also hatten wir noch zwei gemeinsame Nächte.

Ich benutzte in den Herbergen nie die alten Decken, da ich mir nicht vorstellen wollte, wann sie das letzte Mal gewaschen wurden. Das unhygienischste waren zu diesem Zeitpunkt aber nicht die alten Decken. Kurz vor dem Zubettgehen entdeckte ich Bettwanzen in meinem Schlafsack. Sie waren inzwischen so voll Blut gesaugt, dass sie mit bloßem Auge gut zu sehen waren. Ich zerquetschte eine zwischen den Fingernägeln.

Entgegen landläufiger Behauptungen sind Bettwanzen aber nicht das Resultat mangelnder

Hygiene, sondern das Resultat von vielen Reisenden, die sie verbreiten, in Pilgerherbergen genauso wie in teuren Hotels. In diesem Fall war ich der Schuldige. Ich rannte nachts immer wieder ins Badezimmer und untersuchte meinen Schlafsack.

Während des Frühstücks schwollen meine Hände dermaßen an, dass Frank laut darüber nachdachte, ob nicht auch ich besser die Reise abbrechen sollte. Auch die Apothekerin war sich nicht sicher, ob ein Krankenhausaufhalt sinnvoll wäre. Sie verkaufte mir eine starke Kortisonsalbe.

Eine halbe Stunde später stand ich mit Frank unter einer Autobahnbrücke und sprühte alle meine Sachen mit aggressiver Chemie ein. „Scheiß auf das Asthma", war noch der harmloseste Spruch. Ich verfluchte diese kleinen Tierchen und wünschte ihnen allen den Tod.

—

Bettwanzen sind nur wenige Millimeter groß und galten in Deutschland lange Zeit als ausgerottet. Jedoch wurden sie durch Urlaubsreisen wieder eingeschleppt. Sie verstecken sich unter anderem in Betten und Sofas. Kot- und Blutspuren weisen auf sie hin. Bettwanzen treten vor allem an Orten auf, wo sich viele Menschen aufhalten. Dazu zählen beispielsweise Hotels und Pilgerherbergen sowie Transportmittel wie Flugzeuge. Die Tiere sind widerstandsfähig. Ihre Bekämpfung ist sehr aufwändig.
Bettwanzen sind blutsaugende Insekten, die ganzjährig aktiv sind. Sie haben eine rötlich-braune Färbung und einen flachen ovalen Körper.
Bettwanzenbisse können Hautreaktionen auslösen, die sich häufig erst zeitverzögert zeigen. Juckende und

gerötete Hautstellen, aber auch brennende Blasen können die Folge sein. Die Bisse sind meistens in Gruppen angeordnet.

—

Am nächsten Morgen verabschiedete ich Frank am Busbahnhof. Seine Frau Alice hatte große Angst, dass ihr Mann Bettwanzen mit nach München bringen würde. Er sollte mir und meinen Sachen nicht mehr zu nahekommen.

Kurz bevor Frank aufbrach, gab es ein Wiedersehen mit Elisa, die Oviedo mit dem Bus besuchte. Feierlich übergab sie mir meine Socken, die definitiv bettenwanzenfrei waren. Danach fuhr sie zurück zum *Camino del Norte.*

Für mich ging es nun alleine weiter. Ich traute dem Braten nicht. Ab jetzt war da auch kein Frank mehr, der mir beistehen konnte. Gab es noch Bettwanzen in meinen Sachen? Außer Chemie half nur extreme Kälte. Aber ich wollte nicht 48 Stunden warten, in denen meine Sachen irgendwo in einer Gefriertruhe lagerten. Also entschied ich mich für Hitze. Alle meine Sachen stopfte ich in einem Waschsalon erst in eine Waschmaschine und dann in einen Trockner, sogar meinen Daunenschlafsack. Es ist möglich, dass ich – kaum mehr als meine Unterwäsche tragend – mich währenddessen wie ein Verrückter freute. Jetzt waren sie gewiss alle tot. Auch ihre Eier, die besonders widerstandsfähig sein sollen.

Meine Kleidung war bettwanzenfrei. Aber ihr tat die Hitze nicht gut. Ich sah aus wie ein gerupftes Huhn. Kortisonbedingte Lichtempfindlichkeit der Haut, aufgequollene Hände und geschrumpfte Kleidung.

„Camino is not holiday“

Nun war ich also auf dem *Camino Primitivo,* der lange Zeit in Vergessenheit geraten war. Dabei handelt es sich um den ursprünglichen Jakobsweg.

—

Der Legende nach wurden Anfang des neunten Jahrhunderts im äußersten Westen der Iberischen Halbinsel im Wald die Gebeine des Apostels Jakobus entdeckt. Umgehend wurde König Alfons II., genannt der Keusche, von der Entdeckung unterrichtet. Der strenggläubige König von Asturien brach von Oviedo auf. Es war ein beschwerlicher Weg durch das Gebirge. Am Grab von Jakobus angekommen, befahl er den Bau einer Kirche, auf deren Fundamenten über 250 Jahre später die heutige Kathedrale von Santiago de Compostela errichtet wurde. So wurde die Jakobspilgerschaft begründet. König Alfons II. war der erste Pilger zum Apostelgrab.
Zum damaligen Zeitpunkt war die Iberische Halbinsel zum Großteil von arabischen Muslimen, den Mauren, besetzt. Infolge der stückweisen Zurückeroberung Mitte des neunten Jahrhunderts durch die Christen bekam auch die Pilgerbewegung zum Jakobsgrab eine immer größere Bedeutung. Es entstanden verschiedene Jakobswege, zu Land und zu Wasser, da der Weg immer vor der eigenen Haustür begann.
Durch die spätere Vereinigung der Königreiche Kastilien und León verlor Oviedo an Bedeutung und damit auch der durch die einsame Bergwelt führende *Camino Primitivo*. Die Pilger suchten Wege durch ebeneres Gelände. So entstand schließlich der heute sehr popu-

läre *Camino Francés*. In Melide treffen die beiden Wege aufeinander. Und während die meisten Menschen meinen, der *Primitivo* münde in den *Francés*, ist es historisch gesehen genau andersherum.
Noch vor wenigen Jahren galt der *Camino Primitivo* als Geheimtipp unter den Jakobswegen. Er ist nur etwa 300 Kilometer lang, aufgrund der vielen Höhenmeter aber sehr anspruchsvoll.
Auch wenn er sich seit einigen Jahren zunehmender Beliebtheit erfreut, ist der *Primitivo* durch Asturien und Galicien bis heute nicht stark frequentiert. Atemberaubende Panoramablicke von den Bergen, wilde Pferde und Raubvögel entschädigen für so manche Strapaze.
In Lugo wird dieser Jakobsweg voller, da die schöne Stadt genau 100 Kilometer vor Santiago liegt. Für eine Pilgerschaft ab hier wird später die Pilgerurkunde *Compostela* ausgestellt.

—

Mich plagten die Bettwanzenbisse sehr, aber ich wollte mir die Abenteuerlust nicht nehmen lassen. Und ich erinnerte mich an einen Tipp von Madeleines Mutter. Zur Erinnerung: Madeleine war die Freundin, der ich die Entdeckung des Caminos verdankte. Ihre Mutter empfahl mir, in eine kleine Trinkflasche etwas Wein abzufüllen, um mir unterwegs auch mal ein Schlückchen zu genehmigen. Da saß ich, durchgeschwitzt, schlammige Schuhe und ganz schön erschöpft auf einer Bergspitze und trank leckeren spanischen Rotwein. Es näherte sich ein rundlicher Bulgare, dem ich spontan einen Schluck anbot. Der körperlich überforderte Mann mittleren Alters war sichtlich überrascht und nahm das Angebot gerne an.

Es baute ihn auf. Von einem Deutschen hatte er nicht so viel Unvernunft erwartet. Die Geschichte von der deutschen Bar irgendwo in den Bergen machte schnell die Runde. So unterhaltsam die Erzählung darüber auch war, ich fühlte mich allein. Daran war ich selbst schuld: Elisa, David und Frank wären gerne weiterhin mit mir gelaufen.

Ich verglich mich mit einem Superhelden, der schwierige Dinge meistert, aber eben auch ein bisschen einsam ist. Den Heldenmythos betreffend war ich offenbar nicht der einzige Pilger, der ein entsprechendes Bild von sich zeichnete, wie der Superman auf einer Wegmarkierung verdeutlichte.

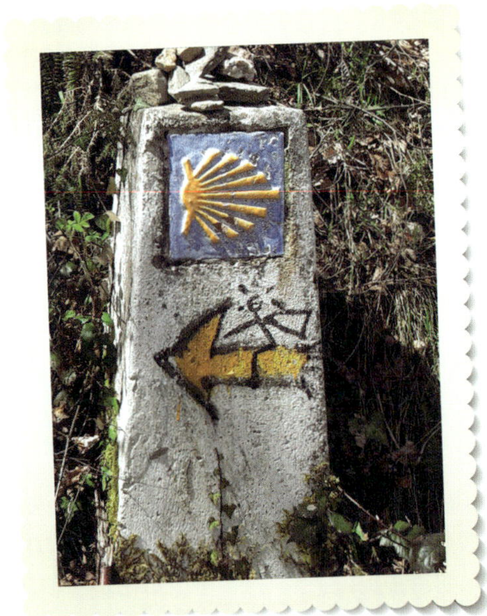

Zwei Freundinnen aus dem Pilgerforum, Isolde und ihre Tochter Nicole, hatten mir eine private Herberge besonders ans Herz gelegt. Da ich die meisten öffentlichen Herbergen auf dem *Primitivo* als schmuddelig empfand, nahm ich den Tipp gerne an. Hier traf ich auf Inge. Sie war eine resolute Dame, die den Eindruck machte, dass sie weiß, was sie will. Sehr gepflegt, gut organisiert und nicht auf den Mund gefallen. Die ihr bekannten Pilger begrüßte sie sehr herzlich. Ich kam in ihrer Wahrnehmung zunächst kaum vor. Das fand ich schade.

Es war schon nach 22 Uhr und damit Nachtruhe. Ich lag in meinem weichen und bettwanzenfreien Mumienschlafsack, hatte gerade den Reißverschluss geschlossen, da wummerte es an der Tür. Inge. „Lasst mich rein", rief sie panisch. Ich antwortete leise, dass der Eingang eine Tür weiter sei und man über die Küche in den Schlafsaal kommen würde. Die Außentür zum Schlafsaal war schon den ganzen Tag geschlossen. Aber das überhörte Inge und wummerte weiter gegen die Tür, ohne Rücksicht auf schlafende Pilger. Ich ging zum gekippten Fenster, um sie zu beruhigen. Niemand hatte sie ausgesperrt, obwohl sie zu spät dran war und die Türen der Herbergen in der Regel um 22 Uhr schlossen. Sie hätte nur eine Tür weitergehen müssen. Inge hörte aber einfach nicht zu und wollte reingelassen werden. Dieses Theater ging noch etwa eine Minute weiter, bis ich ihr den Eingang über die Küche weisen konnte. Inge hatte ganz offensichtlich etwas zu viel Wein getrunken.

Am nächsten Morgen standen alle Pilger schon früh auf, da wir eine lange Tour über die anstrengende Hospitales-Route vor uns hatten. Inge war das Erlebnis vom Vorabend sichtlich peinlich – meine Möglichkeit, mit ihr ins Gespräch zu kommen. Aber so nett Inge war, auf meine Gesellschaft hatte sie wohl keine Lust. Also zogen wir einzeln los.

In den kommenden Tagen landeten wir immer in derselben Herberge. Und Stück für Stück lernten wir uns näher kennen. Wir erzählten von unseren Erfahrungen auf dem Camino, von unseren Familien und der Arbeit. Eines Morgens starteten wir schließlich zusammen. Mich beschäftigte ein Zeitschriftenartikel, den ich am Vorabend im Internet gelesen hatte und von dem ich mich diffamiert fühlte. Doch Inge meinte lapidar: „Papier hält still." Der Spruch stammte von ihrer Oma und bedeutete, dass Papier sich nicht wehrt und jeder Depp durch eine solche Niederschrift Blödsinn verbreiten könne. Und statt mich weiter über den Artikel zu ärgern, machte ich mir klar, dass das lesbisch-schwule Anzeigenblatt, in dem er erschienen war, sowieso von vielen Menschen nicht mehr ernst genommen wurde.

Die Gesellschaft von Inge tat mir sehr gut. Wenige Tage zuvor hatte ich meinen lieben Freund Frank uncharmant abserviert, nun suchte ich die Gesellschaft dieser starken Frau. Aus uns wurde ein unglaubliches Gespann. Und da Inge bei anderen Pilgern schon bekannt war, wuchs unsere Gruppe schnell an.

Wir waren in der Tat sehr unterschiedliche Pilgertypen. Während ich mich diszipliniert auf die Bewältigung des Weges konzentrierte, lagen zwei junge Niederländerinnen am Wegesrand in der prallen Sonne. Ich weiß nicht warum, aber diese Gelassenheit provozierte mich etwas. Ich stellte lautstark fest: „Camino is not holiday." Mir war nicht klar, was ich damit auslöste. Und zwar eine Diskussion darüber, wie viel Urlaub in einer Pilgerreise steckt beziehungsweise wie viel mehr der Camino ist. Wir sprachen darüber, welche Erkenntnisse sich für unser Leben ableiten ließen. Wie wäre es, mit weniger Verdienst auszukommen? Auf was waren wir im Alltag bereit zu verzichten? Hier auf dem ursprünglichen Jakobsweg wurde mir schnell klar, was wirklich wichtig ist.

Und wir kamen Santiago immer näher. Als Inge und ich durch einen Eukalyptuswald liefen, erzählte ich, dass in einem solchen Wald Hape Kerkeling mit anderen Pilgern ein Pilgerlied gesungen habe – so zumindest der Kinofilm. Aufgrund mangelnder Französischkenntnisse konnte ich ihr nur den Refrain vorsingen. Inge wusste nicht, welches Lied ich meinte. Also ging ich auf meinem Smartphone auf Youtube und spielte das Lied vor. Beim Refrain setzte ich mit ein. Und nun auch Inge. Wir sangen aus voller Kraft. Es fühlte sich so gut an. Oft hatte ich auf dem Camino gesungen, wenn ich alleine lief. Aber zu zweit war es noch viel besser. Inge strahlte über das ganze Gesicht. Es war so unerwartet, so herzlich, ehrlich und gelassen. „Ultreïa, Ultreïa“ kam immer wieder über unsere Lippen.

Im Schlafsaal

„Wie kannst du nur? Ich könnte das nicht“, so die Reaktion von Daheimgebliebenen. Neben den körperlichen Herausforderungen geht vor allem von den Herbergen eine Faszination aus, die von Nicht-Pilgern auch gern abschätzig „Massenunterkünfte“ genannt werden. Die meisten erwachsenen Menschen sind es schlichtweg nicht gewöhnt, mit zwanzig anderen Menschen einen Schlafsaal zu teilen. Doch die Schnarchgeräusche waren in der Regel das geringste Problem.

Zu häufig war ich auf meinem Weg so spät angekommen, dass nur noch oben im Doppelstockbett ein Platz zu bekommen war. Irgendwie schaffte ich es ins Bett hinauf. Aber dann drückte nachts die Blase. Der ein oder andere Abstieg im Dunkeln konnte zu einer Herausforderung werden. Wo war die Leiter? In welcher Richtung die Tür? Und dann krachte man im Dunkeln gegen einen Stuhl und der halbe Schlafsaal wurde wach.

Bedrohlich konnten auch große dicke Männer sein, die über einem im Doppelstockbett schliefen. In so mancher Nacht malte ich mir aus, was für ein blöder Tod es sei, von einem fetten Pilger erschlagen zu werden, falls der Lattenrost seinem Gewicht nicht standhielte.

Und wer verdammt nochmal hat „Triple-Betten“, drei Betten übereinander, erfunden? Ich bin doch kein Artist! Aber offenbar traute man den Pilgern von jeher sehr viel zu, denn manchmal fehlten auch die Leitern an den Etagenbetten.

Auch die freie Bettenwahl bei früher Ankunft konnte für Kopfzerbrechen sorgen. Welche Matratze war am wenigstens durchgelegen? Welches Bett wirkte sauber? Wo waren die Steckdosen? Wollte ich frische Luft am Fenster oder fürchtete ich die Zugluft? Sollte ich am Ausgang schlafen, um früh unbemerkt allein aufzubrechen? Oder störte mich die nächtliche Unruhe bei ständigen Toilettengängen an der Tür? Bekam ich in der Ecke ganz hinten vielleicht Ruhe, aber womöglich keine Luft?

In den Schlafsälen roch es manchmal wie im Kaninchenstall. Besonders schlimm fand ich die Ausdünstungen verschwitzter Kleidung. Und wer kam auf die Idee, einer Gruppe von Pilgern vor dem Schlafengehen Kohlsuppe oder Erbsen zum Essen zu geben?

Das Empfinden der Lautstärke bei Spaniern und bei Deutschen war auch sehr verschieden. Verhängnisvoll wurden diese unterschiedlichen Gewohnheiten im Schlafsaal. Das Flüstern der spanischen Pilger war mitunter lauter als die normale Gesprächslautstärke der Deutschen. Und wenn ich im Dunkeln zu verstehen gab, dass ich jetzt gern schlafen würde, bekam ich eine ehrlich gemeinte Entschuldigung als Antwort und 30 Sekunden später ging es wie zuvor weiter. Aber auch nächtliche Tastengeräusche von Smartphones konnten mich zum Wahnsinn treiben. Die Spanier nahmen sie gar nicht wahr. Und mein Verhängnis war: Ich konnte noch nie mit Ohropax schlafen.

Ja, der Pilgerprinz braucht seinen Schlaf. Dazu gehört auch frische Luft. Habe ich schon erwähnt, dass Spaniern und Italienern sehr schnell kalt ist und sie das mit „frio“ zum Ausdruck bringen? Ich hingegen ersticke in einem Schlafsaal mit zwanzig Pilgern, in dem alle Fenster geschlossen sind und die offene Tür zum Gang nicht wirklich Frischluft mit sich bringt.

Manchmal konnte ich einen Kompromiss im Schlafsaal aushandeln. Aber meist war das schwer möglich. Während ich die Fenster vor dem Schlafengehen leicht kippte, wurden sie fünf Sekunden nach Ausschalten des Lichtes von einem freundlichen Spanier alle geschlossen. Es war auch schon vorgekommen, dass Fenster über Stunden im 30-Minuten-Takt geöffnet und geschlossen wurden. Während der Spanier in Boxershorts und superdünnem Sommerschlafsack vom Frieren aufwachte, hatte ich meinen Schlafsack schon lange nur noch als Bettlaken unter mir liegen und rang mit Schweißperlen auf der Stirn um Luft.

Wer also glaubt, die körperliche Betätigung auf dem Camino sei die eigentliche Herausforderung, der war noch nicht in einem Pilgerschlafsaal.

Inge und die anderen hatten darauf bestanden, dass wir die letzten beiden Nächte vor Santiago in den öffentlichen Herbergen verbrachten, um nochmal die Ursprünglichkeit des Pilgerns zu genießen.

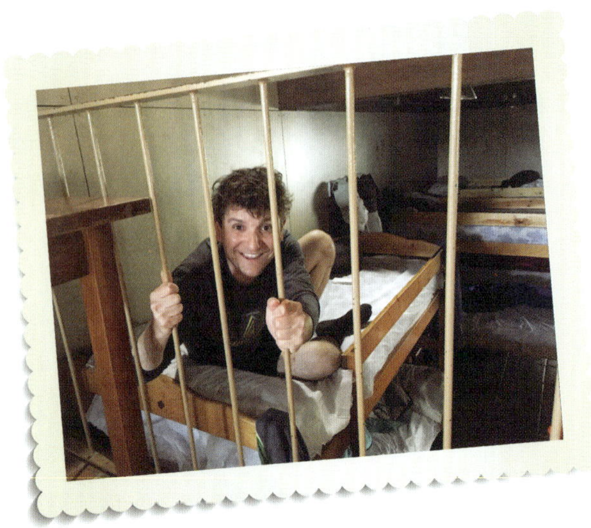

Vom *Primitivo* waren wir große Ruhe in den Schlafsälen gewohnt. Wir kannten uns. Wir kamen aus verschiedenen Ländern. Wir waren Menschen verschiedener Generationen. Die Vertrautheit brachte große gegenseitige Rücksichtnahme.

Ganz anders nach der Weg-Fusion mit dem *Camino Francés* kurz vor Santiago. Die Anonymität war groß. Es gab ein Schaulaufen junger Partypilger am Abend bei gleichzeitigem Massenfrühstart um 4 Uhr morgens. Vollkommen übermüdet und etwas benommen nahm ich die Situation zur Kenntnis.

Jetzt wollte ich nur noch ankommen. Am besten zusammen mit meiner Pilgerfreundin Inge. Und dann ein Einzelzimmer nehmen.

Am Anfang der Altstadt von Santiago zeigte mir Inge ein Zitat, das Johann Wolfgang von Goethe zugeschrieben wird. „Europa ist auf der Pilgerschaft geboren" war mehrsprachig in den Weg graviert. Ich hatte das Sprichwort bisher noch nie wahrgenommen. Aber es gefiel mir sehr.

Ich wollte dieses Mal keine Pilgerurkunde für mich haben, aber eine *Compostela* der neugeborenen Elisa widmen. Doch so einfach war das gar nicht, da ich im Pilgerbüro darlegen sollte, was mit dem Kind passiert sei. Dass es während meiner Reise geboren wurde, hätte fast nicht als Begründung gereicht. Aber ich wollte mir keine Lügengeschichten mit angeblichen Krankheiten ausdenken.

Unsere Primitivo-Gruppe feierte ausgelassen die Ankunft bis tief in die Nacht. Eine uns bis dato unbekannte Pilgerin namens Petra, die ich in einem Restaurant aufgegabelt hatte, feierte mit uns in ihren 40. Geburtstag hinein. Es war alles wunderschön.

Zugleich war ich noch nicht bereit aufzuhören, zumal mir noch zehn Tag zur Verfügung standen.

Eine Städtetour durch Porto oder Lissabon klang verlockend, aber nicht verlockend genug. Entspannung in den Thermalquellen von Ourense schien mir da schon attraktiver zu sein, aber maximal etwas für zwei Stunden. Schon wieder ans Ende der Welt? Nein. Ein deutscher Jakobswegexperte empfahl mir via Facebook Messenger, den *Camino Francés* ab Astorga zu laufen. Die Stadt war von Santiago gut mit dem Zug zu erreichen. Aber ich sollte nicht weiter als Sarria gehen, da es ab da furchtbar sei.

Ja, ich war nun bereit, den bekannten *Camino Francés* zu gehen. Ich fürchtete ein wenig die Pilgermassen. Aber ich war sehr gespannt, was ich dort erleben dürfte. Zugleich war ich mir nicht sicher, ob ich tatsächlich nur bis Sarria laufen würde oder doch nochmal bis Santiago. Denn mein behinderter Freund Kristian wollte auch gern eine *Compostela* haben.

Nicht nur die modernen großen Herbergen sollten mich auf dem *Camino Francés* beeindrucken.

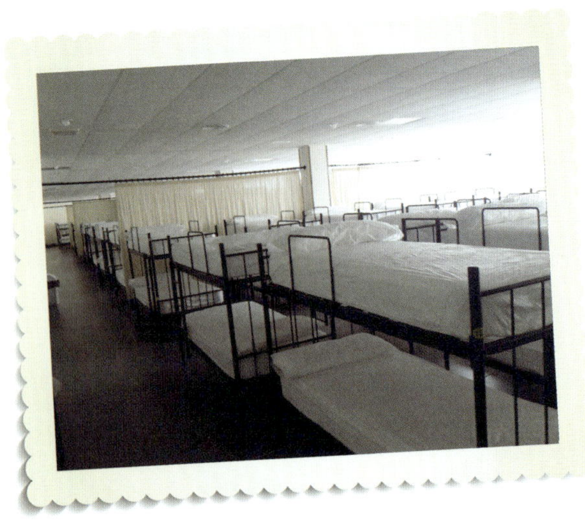

Jesus didn't start in Sarria

Die Zugfahrt nach Astorga führte durch ein Naturparadies. Und bei meiner Ankunft schien die Sonne. Es war kühler als in Santiago. Die Herbergen waren gut gefüllt. Die Vielzahl der Pilger wurde mir erst am nächsten Morgen richtig deutlich.

Schön empfand ich die zahlreichen Möglichkeiten, einen Kaffee oder einen Snack einzunehmen. Etwas wie die „Cowboy-Bar“ war mir auf meinen anderen Caminos in der Tat noch nie begegnet. So viel Infrastruktur war ich nicht gewohnt. Ich genoss diesen Pilgerluxus sehr. Auch die Herbergen sahen sehr gepflegt aus und luden zum Übernachten ein.

Der Weg war mir aufgrund der gelben Pfeile schnell vertraut. Die regenbogenfarbene Ergänzung fand ich besonders schön.

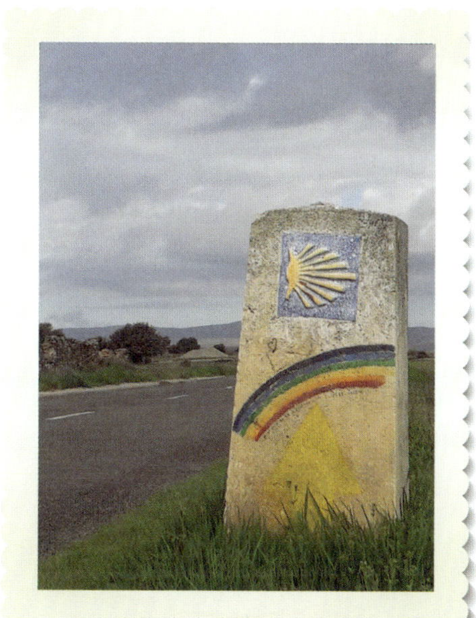

Die Fuß-Pilger ließ ich schnell hinter mir. Immer wieder rauschte eine große Gruppe Fahrrad-Pilger an mir vorbei. An diese Spezies von Pilgern konnte ich mich einfach nicht gewöhnen.

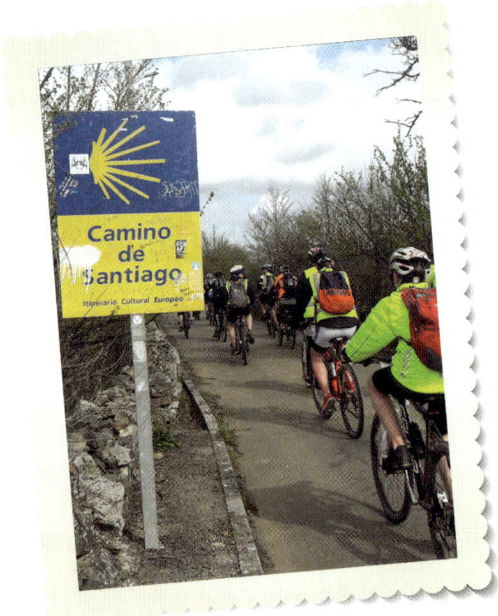

Kurz vor Einbruch der Dunkelheit kam ich auf der höchsten Erhebung des *Camino Francés* an. Um das *Cruz de Ferro,* ein Eisenkreuz auf einem langen Baumstamm, waren Millionen von Steinen gehäuft, die Pilger hier abgelegt hatten, um sich symbolisch von einer Last zu befreien.

Ich hatte keinen eigenen Stein aus der Heimat dabei. Aber ein niederländischer Pilger von unserer Primitivo-Gruppe hatte mir seinen Stein mitgegeben. Ich legte ihn zwischen Fotos ab, auf denen Liebesnachrichten an Verstorbene standen.

Kurz nach dem Kreuz stieß ich auf eine Art Grabstein, der an einen Menschen erinnerte, der viel zu früh das irdische Leben verlassen hatte. Darauf stand ein Zitat des amerikanischen Schriftstellers John Augustus Shedd: „Ein Schiff im Hafen ist sicher, doch dafür werden Schiffe nicht gebaut.“ Der Spruch war in diesem Zusammenhang vielleicht kitschig, aber er berührte mich sehr.

Als ich schließlich am Abend in der Herberge ankam, belehrte mich ein anderer Pilger wie einen Anfänger, dass ich zu spät dran sei und mein Körper nicht mehr genug Zeit zur Regeneration hätte. Wie auch immer, ich musste hier anderen nicht gerecht werden. Und mir ging es gut. Meine ungezügelte Leidenschaft machte für mich Sinn, sodass ich Spaß an der damit verbundenen körperlichen Verausgabung hatte.

Ich lernte schnell Menschen kennen, die mir durch ihre Geschichten zu aufdringlich waren. Oder deren überschwängliche Umarmungen mir zu wenig Distanz zeigten. Also lief ich allein weiter und machte auch in Ponferrada keinen Halt.

Die Burg der Tempelritter in Ponferrada war ein wahrer Tourismusmagnet. Genervt von den Menschenmassen zog ich weiter. Ich wollte lieber in einem der Dörfer zwischen den großen Hotspots Halt machen, um den Pilgermassen zu entkommen. Antizyklisches Laufen nannte ich das.

Und hier, irgendwo hinter Ponferrada, lernte ich Joel kennen. Er sprach mich an, um zu fragen, ob wir zusammen Wäsche waschen würden, besser gesagt, aus Kostengründen eine Waschmaschine teilen. Zwei Stunden später teilten wir uns sogar das Dessert. Und am nächsten Tag, während ich seine stinkenden Wandersocken per Hand mit wusch, massierte er meine verspannten Schultern.

Auf dem Camino wird man manchmal unerwartet vertraut miteinander. Die Begegnungen von Mensch zu Mensch sind ehrlich, ungefiltert und intensiv. Genau so war es zwischen Joel und mir. Der 29-jährige US-Amerikaner hatte alle Zelte in der Heimat abgebrochen, um mit seiner 26-jährigen Ehefrau die Welt zu entdecken. Der spanische Jakobsweg war nur eine Station unter vielen. Das christliche Paar befand sich nicht auf Hochzeitsreise, wie man hätte vermuten können, denn sie waren bereits seit sieben Jahren glücklich verheiratet. Und sie beschlossen, den Camino nicht zusammen zu laufen, um sich individuelle Begegnungen und Erfahrungen zu ermöglichen. Daher lernte ich Ella erst später kennen.

Joel vermisste seine Frau, aber er zeigte sich unabhängig und gelassen. Er war bereits seit etwa vier Wochen auf dem Jakobsweg unterwegs.

In den folgenden Tagen zogen wir abends durch die Dörfer mit einer Büchse Bier oder Limo in der Hand. Oder wir versackten in der einzigen Bar. Tagsüber liefen wir nur zeitweise zusammen, da Joel viele Pausen brauchte. Irgendwann holten wir gemeinsam Ella ein. Joel blieb 50 Meter zurück und ich begrüßte Ella. Ich sprach sie forsch an und fragte sie nach Dingen, die nur ihr Mann wissen konnte. Sie schaute mich Fremden verwundert an, kam aber schnell dahinter, dass sich ihr Ehemann einen Spaß mit ihr erlaubte.

Zu unserer Dreiergruppe stieß zwei Tage vor Santiago Bill. Der Südstaaten-Amerikaner sprach ein derart unverständliches Englisch, dass ich irgendwann aufgab, ihn verstehen zu wollen. Zu meiner Beruhigung teilte mir Ella mit, dass auch sie ihn häufig nicht verstehen würde.

Ab Sarria änderte sich das Miteinander auf dem Weg sehr. Bill, der selbst kein Spanisch sprach und sein Kaugummi-Englisch vor sich hin brabbelte, empörte sich über die Unhöflichkeit der Neulinge, die kein „Buen Camino“ oder „Hi“ herausbrachten. Joel entdeckte den Graffiti-Spruch „Jesus didn't start in Sarria“ etwa 96 Kilometer vor Santiago. Der witzige Spruch brachte genau zum Ausdruck, was wir über die 100-Kilometer-Pilger dachten.

—

In vielen Pilgerforen wird rege darüber diskutiert, ob der Jakobsweg sich zum Negativen verändert habe und alles nur noch Massentourismus sei. Besonders in der Kritik stehen die sogenannten *Turigrinos*, die lediglich die letzten 100 Kilometer ab Sarria bewältigen, um die Mindestanforderungen an eine *Compostela* zu erfüllen. Die Formulierung „Turigrino“ leitet sich von den spanischen Wörtern für Tourist *(turístico)* und Pilger *(peregrino)* ab.
Häufig sind Turigrinos nur mit Tagesrucksack unterwegs, weil sie einen Gepäcktransport in Anspruch nehmen. Ihre Busse stehen am Wegesrand. Sie treten meist in großen Gruppen auf. Turigrinos wollen in kürzester Zeit das Pilgerabenteuer erleben. Aber sie gehören genauso dazu wie die anderen Pilger.
Die Pilgermassen 100 Kilometer vor Santiago können vermieden werden, wenn man statt auf dem *Camino Francés* (Anteil Sarria: 27,66 Prozent) auf dem *Camino Sanabrés* (Anteil Ourense: 1,20 Prozent) läuft.
Je weiter entfernt von Santiago man ist, desto weniger Pilger sind in der Regel unterwegs, wie die Startpunkte des *Camino del Norte* (Irun) und der *Vía de la Plata* (Sevilla) zeigen.

Der beliebteste Startpunkt in großer Entfernung bleibt Saint-Jean-Pied-de-Port (SJPdP). Aber auch hier zeigt sich der Trend zu immer kürzeren Pilgerreisen. Denn SJPdP wurde im Jahr 2018 von dem an Santiago näher gelegenen Porto als zweitbeliebtester Startpunkt abgelöst.

—

Wo der Camino begonnen wurde

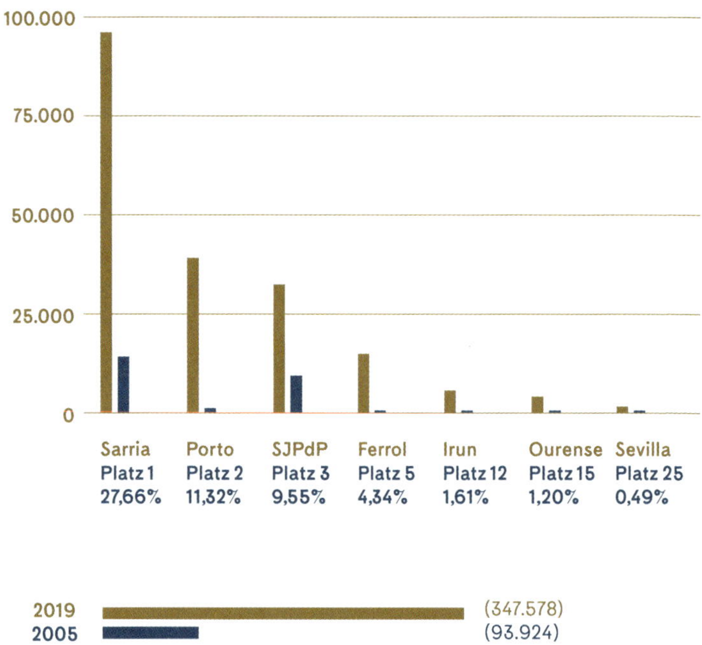

Quelle: Pilgerbüro von Santiago de Compostela
https://oficinadelperegrino.com/en/statistics/

Aufregen brachte nichts. Manchmal muss man den Camino in der Menge mitlaufen, auch wenn es anders schöner wäre. Die letzten 100 Kilometer waren für die Nerven wirklich die härtesten. Aber mein Freund Kristian sollte auch eine ihm gewidmete *Compostela* bekommen. Und dieses Mal würde ich sagen können, dass sie für eine schwerbehinderte Person sei.

—

Die *Compostela* gilt als die bekannteste Pilgerurkunde weltweit. Das kirchliche Pilgerbüro von Santiago de Compostela stellt sie allen Pilgern aus, die mindestens die letzten 100 Kilometer zu Fuß gegangen sind. Wer mit dem Fahrrad oder zu Pferd unterwegs war, muss 200 Kilometer bewältigt haben. Ihren Ursprung hat die *Compostela* in dem Beglaubigungsschreiben, das Pilgern seit dem 13. Jahrhundert ausgestellt wurde, um den erfolgreichen Abschluss der Pilgerreise zu dokumentieren. Zuvor hatte die Jakobsmuschel in der Heimat als Beweis gedient. Sie war jedoch nicht fälschungssicher.

Im 20. Jahrhundert wuchs zudem die Sorge, dass durch die Zunahme an Menschen, die Santiago per Flugzeug, Auto, Bus und Bahn erreichten, die Anstrengung und Hingabe, die bis dahin charakteristisch für eine Pilgerschaft waren, verloren gehen würden. Daher wurde entschieden, dass nur diejenigen Pilger eine *Compostela* bekommen, die anhand ihres Pilgerausweises *Credencial* den Nachweis ihrer genauen Reise mit Stempeln erbringen können. Diese Regel gilt noch heute. Stempel gibt es unter anderem in Herbergen, Kirchen und Restaurants.

—

Da Ella und Joel ihr Wiedersehen nach mehrwöchiger Trennung genossen, lief ich von nun an allein und manchmal auch mit Bill. Er war ein Koloss, lebhaft und willensstark. Noch nie war ich mit jemandem so schnell über den Jakobsweg gefegt. Bill nannte mich „Killer“, weil ich ihm an einem heißen Nachmittag bereits seit über einer Stunde eine Bar hinter dem nächsten Hügel versprochen hatte, die jedoch nicht kommen wollte. Dabei war ich diesen letzten Abschnitt des Weges erst eine Woche zuvor gelaufen. Während andere Pilger bergauf schlappmachten, zogen Bill und ich wie auf der Flucht an ihnen vorbei. Der Schweiß schoss uns aus allen Poren. Mäuse lockt man mit Käse, einen Typen wie Bill mit einem kühlen Bier. Ich verstand nach wie vor nur jedes dritte Wort. Aber da er ständig Witze machte, musste ich auf Kommando nur lachen. Das beherrschte ich.

In Arzúa endete die Tagesetappe von Bill. Ich zog weiter, um am nächsten Tag nicht zu spät in Santiago anzukommen. Auch wollte ich nicht nochmal in Arzúa nächtigen, wo sich Herberge an Herberge entlang einer schmucklosen Hauptverkehrsstraße reiht.

Nun war es schon 3 Uhr am Nachmittag. Die meisten Pilger waren am Tagesziel angekommen. Und auf dem Weg hinter der Stadt, wo sonst die Pilgermassen gedrängt laufen, war nichts los. Der Weg, den ich bisher einfach nur grauenvoll fand, zeigte sich von seiner schönsten Seite. Durch die Bäume funkelte die warme Nachmittagssonne. Auf dem weichen Waldboden lief es sich wunderbar. Ich begegnete nur einer Fußpilgergruppe, ansonsten überholten mich noch zwei Radfahrer. Es war so schön ruhig. Und das auf den letzten 40 Kilometern vor Santiago im wohligen Monat Mai. Ich kehrte in einer sehr schönen Herberge ein, von der mir eine südafrikanische Pilgerfreundin vorgeschwärmt hatte. Die Preise waren etwas gehobener, aber die Herberge war idyllisch gelegen.

Am nächsten Morgen kam ich gegen Mittag in Santiago an. Auch wenn ich auf dem gleichen Weg erst eine Woche zuvor angekommen war, bewegte mich die Ankunft sehr. Zugleich war es etwas einsam, da Ella, Bill und Joel weit hinter mir waren. Auf den letzten 500 Metern holte ich den spanischen Pilger ein, der mich wenige Tage zuvor in den Bergen vor Ponferrada belehrt hatte. Er humpelte und schien ziemlich fertig zu sein.

Etwa 30 Meter vor dem Hauptplatz, mitten in dem Torbogen, wo täglich abwechselnd verschiedene Musiker für Unterhaltung sorgen, lief mir David entgegen. Wir hatten uns zuletzt vor sechs Wochen auf dem *Camino del Norte* gesehen. Wir schrien vor Freude. Und ich war sehr glücklich, dass ich die letzten Meter nicht allein gehen musste.

David kannte sich nicht nur auf dem *Camino del Norte* gut aus, sondern auch in Santiago. Wir zeigten uns gegenseitig unsere Lieblingsbars. Santiago wurde mehr und mehr ein besonderer Ort für mich.

Sechs Wochen Auszeit gingen zu Ende. Und trotz verschiedener Herausforderungen war ich jeden Tag gut drauf. Jeder Tag bot neue Erlebnisse mit Höhen und Tiefen. Die sechs Wochen fühlten sich wie sechs abwechslungsreiche Monate an. Kurz vor meiner Abreise ging ich nochmal in die Kathedrale. Ich umarmte erstmals die Jakobusstatue – fest und innig. Ich war dankbar und bereit für den Rückflug nach Berlin.

7
AUF DEM MEISTGELAUFENEN WEG

Die Sehnsucht nach Freiheit

Ella war versehentlich auf die Herrentoilette eines Restaurants gegangen. Da Joel nicht wollte, dass seine Ehefrau dort von fremden Männern belästigt wird, hielt er „Wache“ vor der Toilettenkabine. Auf einmal öffnete sich die Eingangstür und ich stand vor ihm. Ich musste weinen, weil ich so froh war, Joel wiederzusehen. Und während wir uns umarmten, kam Ella aus ihrer Kabine und sah uns wirklich komisch an. In diesem Moment wachte Joel auf. Er kontaktierte mich umgehend per WhatsApp und berichtete mir von seinem Traum.

Joel und ich verbrachten Ende April nur wenige Tage zusammen auf dem Camino. Fünf Monate später wirkte diese gemeinsame Zeit immer noch nach. Unsere Freundschaft fühlte sich als etwas ganz Besonderes an. Und seine unterbewusste Ahnung mit dem Weinen traf den Nagel auf den Kopf.

Das schönste Geschenk, das Joel mir machen konnte, war, mir durch das Erzählen seines Traums mitzuteilen, dass ich Teil seines Lebens geworden

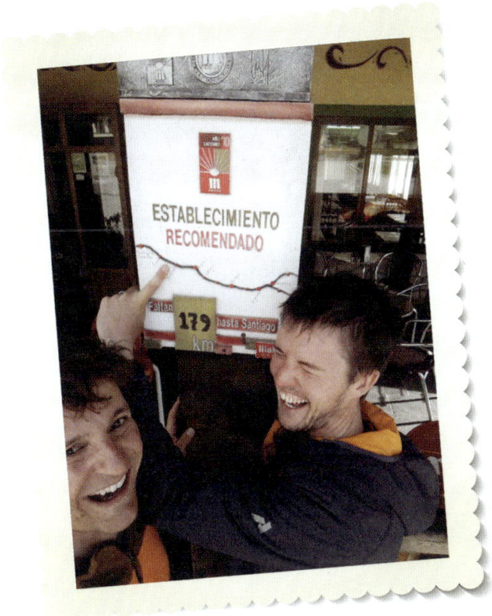

war. Und ich erinnerte mich an ein Zitat von Jane Austen: „Nicht Zeit oder Gelegenheit entscheiden über den Grad von Vertrautheit, sondern die Persönlichkeit allein. Sieben Jahre würden nicht reichen, um manche Leute miteinander vertraut zu machen, und für manche sind sieben Tage mehr als genug."

Joel und Ella waren auf dem *Camino Francés* ab Saint-Jean-Pied-de-Port gepilgert. Ein Weg, den ich lange scheute, weil er als überlaufen gilt.

Bis heute hält sich das Gerücht, dass der *Camino Francés* der Milchstraße folgt und ein Sternenweg sei. Das hat zum einen mit der Wiederentdeckung des Jakobusgrabes vor 1.200 Jahren zu tun, als ein Einsiedler mehrere Nächte Sternschnuppen und andere Himmelszeichen über einem Feld beobachtete, wo sich die Gebeine des Apostels befanden. Zum anderen spiegelten die Sterne in der mittelalterlichen Glaubensvorstellung den Weg der menschlichen Seele wider.

Psychologen würden das Wort Seele durch Psyche ersetzen, die Gesamtheit unserer Gefühle, Bedürfnisse, Ängste und Wünsche. Doch für mich war und ist der Jakobsweg mehr als eine Erholungstour für meine Psyche. Er ist eine Wohltat für meine Seele.

Nun war ich endlich bereit, auf dem *Camino Francés* zu pilgern. Warum er im Laufe der Jahrhunderte zum beliebtesten Weg wurde, lässt sich mit sehr bodenständigen Fakten erklären. Es handelt sich um einen einfachen Weg durch Ebenen. Große Berge werden weitestgehend vermieden. Und bei Saint-Jean-Pied-de-Port lassen sich die Pyrenäen relativ einfach überqueren.

Meine erste Nacht verbrachte ich im Spätsommer in einer privaten Herberge in Saint-Jean-Pied-de-Port. Die Wochen zuvor herrschte in ganz Europa eine untererträgliche Hitze von 35 Grad Celsius und mehr, auf einigen Abschnitten des Jakobsweges über 40 Grad. Auf der *Vía de la Plata* war ein Deutscher an einem Hitzschlag gestorben. Doch nun gab es wieder mildere Temperaturen, zum Pilgern perfekt.

Vor dem Abendessen wurde ein Stuhlkreis gebildet. Alle Pilger stellten sich vor. Die ganze Welt war versammelt, vor allem waren es viele Franzosen und US-Amerikaner. Die Amerikaner waren sehr gläubig. Daher war die nächste Fragerunde für sie auch schnell gemeistert, als der Herbergsvater unsere Motivationen, warum wir den Weg gehen, erkunden wollte. Für die Amerikaner waren es Gott und Jesus Christus. Ich hatte selten Menschen erlebt – außer vielleicht Pfarrer während eines Gottesdienstes –, die so offen und vermeintlich intim über ihre Verwurzelung im Glauben sprechen können. Umso schwerer war es für die anderen Pilger, sich über ihre weltlichen Motive zu äußern, die mitunter durch Herzschmerz und Orientierungslosigkeit geprägt waren. Alle waren sehr aufmerksam. In der Stille der Runde kam jedem Wort große Bedeutung zu. Ich hatte einen Kloß im Hals. Aber ich wusste genau, was ich sagen wollte. Als ich kundtat, dass ich mich auf dem Jakobsweg frei fühlen würde, machte ein zustimmendes Nicken die Runde. Es ging vielen so beziehungsweise sie hatten eine ähnliche Hoffnung.

Nach dem Abendessen wollten mehrere Pilger mit mir ins Gespräch kommen, um von meinen Erfahrungen zu profitieren. Ich erzählte gerne von meinen Wegen und worauf geachtet werden sollte. Zugleich versuchte ich zu vermitteln, dass es nicht darum gehen würde, erfahrene Pilger zu kopieren, sondern darum, seinen ganz eigenen Weg zu gehen. Dies bezog sich nicht nur auf die Länge der Tagesetappen, die wir auf dem gemeinsamen Weg nach Santiago zu meistern hatten, sondern auf die inneren Herausforderungen, die jeder Mensch hier zu bewältigen versuchte. Doch die Neupilger waren vor allem auf die körperlichen Strapazen konzentriert. Das konnte ich gut verstehen.

Wer hier an der französisch-spanischen Grenze seinen Jakobsweg beginnt, muss gleich am ersten Tag viele Höhenmeter überwinden. Auch wenn sich der Weg auf einer kleinen Straße gleichmäßig nach oben schlängelt, kommt man sehr schnell ins Schwitzen. Auch ich keuchte am nächsten Morgen, umringt von zahlreichen Pilgern, sehr. Der Kopf eines Mannes, der vor mir lief, dampfte in der kühlen Morgenluft. In Orisson, wo ich am späten Vormittag ankam, beendeten viele ältere Pilger ihren ersten Tag. Für mich ging es weiter. Aber aus guter Erfahrung, mir nicht gleich am ersten Tag zu viel zuzumuten, legte ich regelmäßig Pausen ein.

Die Sorge der französischen Behörden war groß, da sich hier regelmäßig Menschen überanstrengten. Ein Fahrzeug patrouillierte. Auch ich wurde gefragt, ob alles in Ordnung sei. Mir ging es sehr gut.

In den Büchern von Paulo Coelho und Hape Kerkeling liest sich die Strecke viel dramatischer. Der eine macht aus dem ersten Tag eine ganze Woche, der andere leidet humorvoll. Im Hollywood-Film „The Way" stirbt auf diesem Wegabschnitt der Sohn des Protagonisten bei einem Gewitter. Aber es handelt sich um Zuspitzungen. Natürlich sollte man bei Gewitter nicht in den Bergen unterwegs sein. Auch sollten die großen Hinweisschilder beachtet werden, dass die naturschöne *Route Napoleón* nicht bei Schnee begangen werden kann, weshalb die Monate November bis März absolut tabu sind. Aber der Weg ist bei durchschnittlicher Fitness kein Hexenwerk. Auch wenn es sich gut anhört, dass man die Pyrenäen überquert hat.

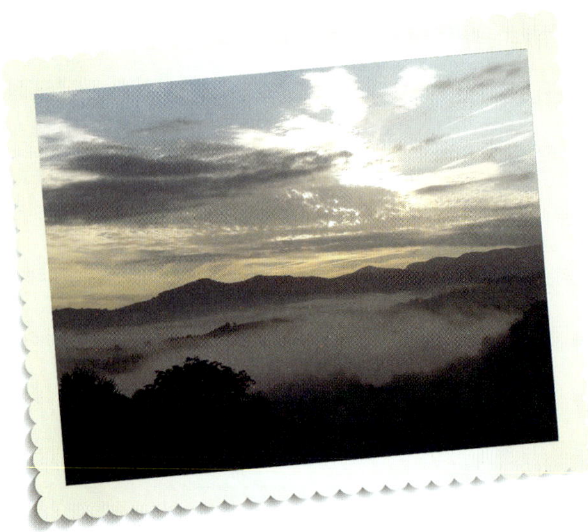

An der höchsten Stelle herrschte an diesem sonnigen Tag tatsächlich dichter Nebel und starker Wind, was ich jedoch als erfrischende Abwechslung empfand. Ich pausierte in einer Schutzhütte.

Kurz vor Roncesvalles, meinem Tagesziel, ging es steil bergab. Ich erinnerte mich an die Geschichte einer älteren Pilgerin, die ich einmal kurz vor Santiago kennengelernt habe und die mir erzählte, dass sich ihr Sohn hier das Knie böse aufgeschlagen hatte und abbrechen musste. Daher lief ich auf den letzten Kilometern vorsichtig und mit großem Respekt.

In Roncesvalles kam ich zusammen mit Agustin an. Der gebürtige Mexikaner, der seit mehreren Jahrzehnten US-Amerikaner war, verbrachte auf dem Weg seinen ersten Monat als Rentner. Er sah dem Fußballstar Diego Maradona ziemlich ähnlich. Da wir unterschiedlichen Schlafsälen zugeordnet wurden, sahen wir uns erst am nächsten Tag wieder.

Roncesvalles zeigt sich dem Pilger als sehr gepflegter Ort. Mit klaren Regeln. Während des Gottesdienstes bekam man in keinem der Restaurants ein Pilgermenü. Und selbst die Restaurantwahl wurde nicht den Pilgern überlassen, sondern durch die in der Herberge erworbenen Essensgutscheine geregelt. Gerne hätte ich mit einer Gruppe etwa gleichaltriger Briten gespeist. Mein Gutschein ließ das aber nicht zu. Eine Diskussion in einem der Restaurants änderte wenig daran. Stattdessen saß ich mit zum Teil 80-jährigen Australiern in einem schicken Hotel am Tisch. Ich war eindeutig der Jüngste. Mich ärgerte das zunächst sehr, weil ich mir vorgenommen hatte, dass der vielbelaufene *Camino Francés* mein Party-Camino wird. Nun kam ich mir vor wie in einem Seniorenstift.

In der Nacht schlief ich sehr unruhig. Da sich mein Bett in Toilettennähe befand, hörte ich ständig das Knallen der Tür und die Spülgeräusche. Doch am schlimmsten waren die Lichtkegel, die mich regelmäßig blendeten. Meine Schlafmaske hatte ich zwar dabei, aber ich hatte sie mir versehentlich vom Kopf gerissen. Wohin ich sie geschleudert hatte, konnte ich schlaftrunken nicht feststellen.

Am nächsten Morgen ging es geordnet weiter. Auch ich hatte – wie die meisten Pilger – einen Frühstücksgutschein erworben. Da ich nicht in den Menschenmassen laufen wollte, wartete ich aber nicht auf das Frühstück und startete direkt. Am Ortsausgang stand, dass es noch 790 Kilometer nach Santiago waren. Gerne wäre ich diese komplett gegangen. Aber zeitbedingt war Léon mein Ziel.

—

Der *Camino Francés* ist der bekannteste aller Jakobswege. Bis heute entscheiden sich 50 bis 60 Prozent aller Pilger für diesen Weg. Viele Menschen entdecken erst später, dass es noch andere Wege gibt, da Filme und Bücher meist vom *Camino Francés* handeln. Startpunkt ist der Ort Saint-Jean-Pied-de-Port an der französisch-spanischen Grenze. Nach Überquerung der Pyrenäen verläuft der mittelschwere Weg 800 Kilometer von Ost nach West durch die spanischen Regionen Navarra, La Rioja, Kastilien und Léon sowie Galicien.
Es gibt eine sehr gute Infrastruktur mit Herbergen, Hotels, Restaurants, Supermärkten, Apotheken und Gepäcktransport. Es gibt kein Pilgerutensil, das man hier nicht kaufen könnte.

Kulturelle Höhepunkte dieses Weges sind die Städte Pamplona, Logroño, Burgos, Léon, Astorga und Ponferrada.

—

Es war noch dunkel. Ich hatte erstmals keine Stirnlampe dabei, weil ich sie auf den meisten meiner Wege nicht gebraucht hatte. Gerade jetzt wäre sie gut gewesen, denn vor uns war ein Waldabschnitt, in dem man leicht über Baumwurzeln stolpern konnte. Daher stand ich etwas unentschlossen am Ortsausgangsschild und fragte schließlich zwei Amerikanerinnen mit Stirnlampe, ob ich für eine Weile mit ihnen laufen dürfte. Ich kam mir sehr aufdringlich vor, aber ich war ihnen sympathisch. In den nächsten 15 Minuten lachten wir viel.

In der ersten Bar machte ich Halt und verspeiste in Ruhe einen Toast mit Marmelade. Und einen Café con leche. Ich genoss dieses einfache Frühstück sehr. In Roncesvalles waren alle Menschen nett zu mir gewesen. Aber das Korsett an Regeln, so sinnvoll es zur geordneten Bewältigung der Pilgermassen auch sein mochte, war zu eng für mich.

Ich wollte, so wie ich es auf dem Camino bisher gewöhnt war, frei sein. Nicht nur frei von beruflichen Verpflichtungen, sondern auch frei von anderen Zwängen. Ich wollte diesem Pilgerpulk, der sich kollektiv über die Pyrenäen geschoben hatte, entkommen und lief mal wieder davon. Die jüngeren Genusspilger ließ ich also hinter mir, sosehr ich ein Wiedersehen schön gefunden hätte. Wer mir blieb, waren Agustin und die alten Australier, die eine beachtliche Disziplin aufbrachten.

Mr. Monk und die Bettwanzen

Der Party-Camino sollte es also nun nicht sein. Eher der Seniorenausflug. Aber die alten Herren wussten, wo ihre körperlichen Schwachstellen waren. Ich hingegen hatte mir nach nur wenigen Tagen das linke Knie verdreht, da ich ständig auf den kleinen Steinen auf den Wegen zwischen den Feldern ausrutschte. Ich musste mir schließlich in einem Orthopädiefachgeschäft eine Kniebandage besorgen.

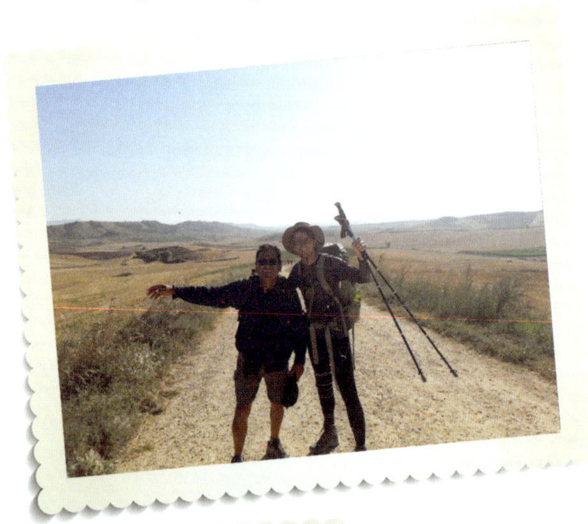

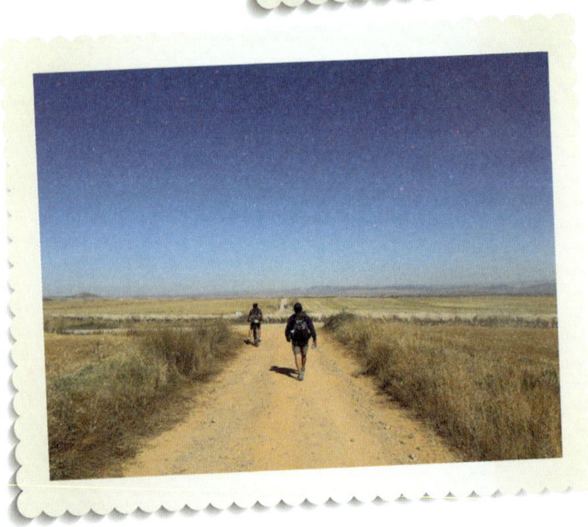

Als sehr angenehm empfand ich, dass die medialen Berichte von Pilgermassen auf dem Weg stark übertrieben waren. Und jetzt im September war es sogar sehr angenehm. Nie ganz allein, zumindest in der Ferne fast immer jemanden im Blick. Aber auch nicht umringt von lauten Pilgergruppen.

Ich hatte mich sehr gewissenhaft auf den Weg vorbereitet. Da ich mir nie wieder Bettwanzen einfangen wollte, hatte ich zusätzlich zum Schlafsack erstmals einen eigenen Kopfkissenbezug und ein eigenes Bettlaken mitgebracht. Beides hatte ich zuvor mit dem Nervengift Permethrin getränkt. Ich hatte im Internet gelesen, dass auch die deutsche Bundeswehr bei Auslandseinsätzen Textilien entsprechend imprägnieren würde. Zusätzlich hatte ich ein Seideninlay für meinen Schlafsack dabei, das bereits bei der Produktion chemisch vorbehandelt wurde.

Meine Mitpilger staunten nicht schlecht, als ich mein Bett bezog. Entgegen meiner Gewohnheiten nahm ich freiwillig das obere Doppelstockbett, auch wenn der Auf- und Abstieg mit Knieverletzung unangenehm war. Hier bestand statistisch gesehen eine geringere Wahrscheinlichkeit von Bettwanzenbefall. Ich untersuchte jedes Bett auf Blutspuren und ähnliche Unregelmäßigkeiten. Und statt nur den Schlafsack auszubreiten, bezog ich Kissen und Bett mit meinem schicken – und leider auch chemisch riechenden – farblich in Grün abgestimmten Bettzeug. Mein Spitzname „Mr. Monk“ stand daher schnell fest. Ähnlich wie die berühmte Fernsehfigur machte ich auf Agustin und einen weiteren mexikanischstämmigen US-Amerikaner einen neurotischen, aber auch sympathischen Eindruck.

Die beiden Männer hatten wie ich keine Lust auf Cliquenbildung. Allein unterwegs zu sein, vereinfachte die Begegnung mit anderen Menschen, ob gewollt oder ungewollt. Ich traf immer wieder auf Pilger, die mir von der großen Spiritualität vorschwärmten, die sie auf dem Weg erlebten. Meist waren es Frauen, die das erste Mal unterwegs waren und sich in alternativen Herbergen von veganem Essen, Meditationsangeboten, Kerzenlicht und sanfter Musik berauschen ließen. Auch wenn ich mich gerne mit ihnen freute, verwechselten sie aus meiner Sicht Spiritualität mit Esoterik. Und während sie sich auf Ausdrucksformen konzentrierten, beschäftigte mich zunehmend die Frage, durch welchen Inhalt Spiritualität geprägt ist.

Ich hatte mich in Santiago immer wieder instinktiv für die *Compostela* „aus spirituellen Gründen" entschieden. Das schien mir stimmig zu sein und gab meiner Reise – jenseits der Bewältigung von konkreten Herausforderungen – einen Sinn.

Mit spirituellen Bedürfnissen hatte ich mich vor dem Camino nie richtig beschäftigt. Und ganz bewusst konzentrierte ich mich während der Pilgerreisen auf die Befriedigung meiner Grundbedürfnisse wie Essen, Trinken und Schlafen. Doch ohne es zu wissen, befriedigte ich auch mein Verlangen nach Dingen wie Sinn, Halt, Trost und Mut im Leben. Und rückblickend betrachtet entdeckte ich, wie diese spirituellen Bedürfnisse, die zur Natur des Menschen gehören, eine religiöse und eine nicht-religiöse Antwort finden können. Ich lernte mich selbst als Sinnsucher kennen, ohne mich zum Gottsucher zu mystifizieren.

—

Religiosität wird meist mit einer religiösen Tradition und Institution in Verbindung gebracht, während Spiritualität zunächst nur bedeutet, den Sinn des Lebens zu entdecken.
Aus dem Lateinischen übersetzt heißt Spiritualität Geistigkeit. Gemeint ist damit die geistige Einstellung zum Leben, die innere Haltung zur Wirklichkeit, Verstand und Gefühle umfassend.
Die Dimension Spiritualität ist der wesentliche Unterschied zwischen Pilgern und Wandern. Bei letzterem ist das Interesse an Sinnfragen viel weniger präsent. Spiritualität im religiösen Sinn steht für die Vorstellung einer geistigen Verbindung zum Transzendenten. Spirituelle Bedürfnisse zwingend einer Gottessuche zuzuordnen, wo es allgemein um eine Sinnsuche geht, wäre jedoch eine einengende Betrachtung.
Lange wurde die Dimension der Spiritualität aus einer weltlich-humanistischen und nicht-religiösen Sicht ignoriert. Zunehmend setzt sich jedoch die Erkenntnis durch, dass der Humanismus als Weltanschauung steril und seelenlos bliebe, wenn er keine spirituelle Dimension entfalten würde.

—

Viele meiner Pilgerfreunde, die ich von anderen Wegen kannte, bezeichneten den *Camino Francés* als den spirituellsten Weg. Hier war in der Tat deutlich zu spüren, dass jeder, der den Weg geht, ihn auch prägt. Wir pilgerten auf den Spuren unzähliger Pilger, die vor uns hier waren. Die besinnlichsten Momente erlebte ich an Orten, wo Pilger mitgebrachte Fotos, Steine und andere Gegenstände hinterlassen hatten. Und obwohl ich keine Gottesdienste besuchte, zog ich mich für Gehpausen gern in leere Kirchen zum Innehalten zurück.

Übliche Kommunikationshindernisse des Alltags wie zum Beispiel Prinzipien der Hierarchie waren auf dem Jakobsweg bedeutungslos. Kurz gesagt, ich konnte so sehr ich selbst sein und mich von meiner verletzlichen Seite zeigen, wie in keinem anderen Lebensbereich.

Ich erlebte wie durch das Zusammenrücken von Menschen ein ozeanisches Gefühl der Harmonie entstand. Andere wiederum überforderte die Pilgerreise. Sie mussten aufgrund körperlicher Beschwerden, die häufig seelisch bedingt waren, abbrechen.

Bei allen Herausforderungen, sei es den Rucksack, die körperliche Fitness oder die Unterkunft betreffend, fand sich bei gutem Willen immer eine Lösung. Leidenschaft zeigte sich dadurch, dass Anstrengung Spaß machte. Und der Wille war groß, trotz Widrigkeiten oder unerwarteter Dinge nicht aufzugeben, weder sich selbst noch sein Ziel.

Aber sosehr ich mich mit mir selbst im Reinen fühlte, meine zwischenmenschlichen Kompetenzen stießen bei einfachen Dingen an ihre Grenzen. Ein smarter Kanadier rief mir auf dem Weg oder bei der Ankunft in der Herberge ständig „How are you?“ zu. Da er dies auch tat, wenn ich aus der Dusche oder von der Toilette kam, war ich mit meinem Latein langsam am Ende. Wollte der tatsächlich wissen, wie es mir auf dem Klo ergangen war? Das ging mir doch etwas zu weit. Dass es sich um eine inflationäre Grußformel wie „Hallo“ handelte, war mir tatsächlich nicht klar. Meine unpassenden Antworten müssen auch meinen Mitpilger verwirrt haben.

No Vino, no Camino

Als Student bin ich um 5.30 Uhr morgens aus dem Club nach Hause gekommen. Jetzt war 5.30 Uhr Aufstehzeit. Es war noch dunkel. Und ich war noch nicht ausgeschlafen. Es wurde mit Tüten geraschelt, Stirnlampen flackerten durch die Gegend. Und ein zunehmendes Getuschel machten ein Weiterschlafen unmöglich. Wie absurd. Wir waren im Urlaub. Bettenmangel gab es hier hinter Pamplona im September auch nicht. Und trotzdem wollte jeder der Erste sein.

Mit einem breiten Grinsen, so absurd fand ich die Situation, schlurfte ich zur Toilette, vorbei an den anderen Schlafsälen. Ich nickte den Pilgern zu. Immer wieder schallte mir ein freundliches „Good morning, George", „Hello George" und „How are you, George?" entgegen. Wie konnten die mich im Dustern alle erkennen? Und wie hatten sie sich meinen Namen gemerkt? Ich wusste fast keinen der anderen Namen. Von einigen wusste ich die Herkunftsregion, es waren verhältnismäßig viele Frauen aus Kalifornien unterwegs. Einige lachten mich besonders heiter an. Ich musste in mich gehen und fragen, ob ich alkoholbedingt etwas Peinliches getan hatte. Ich hatte weder einen Filmriss noch war ich sturzbetrunken gewesen. Na ja, vielleicht etwas ausgelassen heiter. Schön, dass ich so sympathisch rüberkam. Der Lärm am Morgen war damit allen anderen verziehen. Wer weiß, ob ich am Vorabend etwas laut gesprochen hatte?

Auf halbem Weg zwischen Pamplona und Logroño machte ich am Weinbrunnen Fuente del Vino eine

Pause. Hier zapften fast alle Pilger und auch ein paar Einheimische fleißig kostenlos Wein. Ich musste im Schlaraffenland angekommen sein. Auch wenn es uns Pilgern an Wein nicht mangelte, hier nahm jeder einen oder mehrere Schlucke zu sich. Der Rebensaft schmeckte mir nicht besonders gut, trotzdem fand ich die PR-Aktion der ortsansässigen Bodega großartig.

Alkoholkonsum und Knieschmerzen hinderten mich nicht daran, große Tagesetappen von bis zu 40 Kilometern zu schaffen. In Logroño kam ich daher erst spät am Abend an. Eine schöne Stadt mitten in der bekannten Weinanbauregion Rioja. Die knorrigen Weinreben bogen sich aufgrund der Traubenmenge. Die Herbstsonne war kräftig. Von Regen und schlechtem Wetter keine Spur.

In meinem Pilgerführer gab es viele Tipps für Logroño. Nach dem ersten „Completo" entschied ich, keine Zeit mit der Suche nach der perfekten Unterkunft zu vergeuden. Ich nahm irgendeine schlichte private Herberge. Die Betten waren eng gestellt. Von meinem konnte ich sowohl in den Gruppenraum

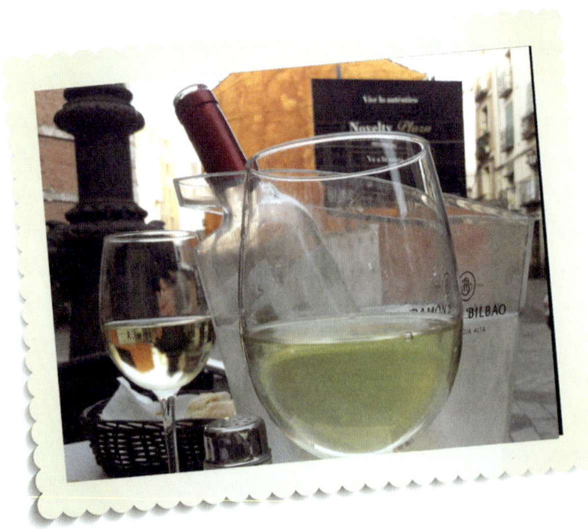

blicken als auch auf die Toiletten. Aber ich wollte hier auch nur die Nacht verbringen.

Katjas Ehemann Jorge hatte mir eine Weingasse empfohlen. Also tigerten Agustin, der schon einige Stunden vor mir in der schönen Stadt angekommen war, und ich dorthin. Welche Überraschung: Wir trafen auf unsere Australier, die auch den „Geheimtipp“ von Freunden aus Madrid bekommen hatten. Also zogen wir gemeinsam von Bar zu Bar. Wir waren die sympathischen Partypilger. Die anderen Touristen liebten uns.

Unser 80-jähriger Australier war stolz auf ein deutsches Wort, das er vor etwa 50 Jahren aufgrund einer Romanze mit einer Berlinerin gelernt hatte. Aus dem Mund eines betrunkenen Australiers war „Schnuckiputzi“ etwas ganz Besonderes.

Nach der vierten Bar verabschiedeten sich unsere australischen Freunde. Agustin war nicht zu bremsen. Also ging es in die fünfte Bar. Ich verwies immer auf die Uhrzeit, aus Angst, dass Agustin nicht mehr in seine Herberge kommen würde. Der gelassene Amerikaner hielt das für deutsche Pingeligkeit. Ich hatte einen sechsstelligen Türcode und konnte die ganze Nacht ein- und ausgehen. Mein Pilgerfreund war in der öffentlichen Herberge untergekommen, die pünktlich um 22 Uhr ihre Tore schloss. Wir eilten schließlich zu seiner Herberge, aber mussten immer wieder stoppen, da Agustin Rückenprobleme hatte. Meinem Knie taten die Gehpausen ebenfalls gut. Sturzbetrunken kamen wir etwa sieben Minuten nach 22 Uhr an seiner Herberge an. Verriegelt und verschlossen. „Oh man“, stöhnte Agustin. Da das Bett unter mir frei war, wollte ich Agustin überreden, mit in meine Herberge zu kommen. Er wollte aber zu seinem Beatmungsgerät, dass er in seiner Herberge hatte. Agustin brauchte es aufgrund seiner Atemaussetzer. Es schnurrte nachts leise vor sich hin.

Agustin zog seine Schuhe aus, drückte sie mir in die Hand und kletterte wie ein Äffchen über das etwa vier Meter hohe Eisentor. Ich warf ihm seine Schuhe über das Tor nach, obwohl ich sie hätte durch das Gitter reichen können. Darauf kam ich jedoch nicht. Die Schuhe landeten in den Büschen des Herbergsgartens. Ich entschuldige mich für dieses Missgeschick. Bevor ich mich versah, stand Agustin auf der anderen Seite des Tores vor mir, mit seinen Schuhen in der Hand, reichte mir seine Hand durch das Tor und bedankte sich. Ihm ging es gut. Also machte ich mich auf zu meiner Herberge, die ich glücklicherweise sofort fand.

So klein hatte ich das Display für den Türcode allerdings nicht in Erinnerung. Das Glück der Betrunkenen war auf meiner Seite. Gleich der erste Versuch glückte. Ich war an meinem Schlafplatz sicher angekommen. Aber in meinem Kopf drehte sich alles, also verschnaufte ich zehn Minuten im Gruppenraum und setzte mich anschließend an die frische Luft im Innenhof.

Mir war so übel aufgrund des wilden Trinkens und der vielen leckeren, aber auch fettigen Tapas. Ich musste mich übergeben. Zu den Toiletten konnte ich es nicht mehr schaffen. Ein Eimer war nicht in der Nähe, aber die tiefen Waschbecken im Außenbereich. Fünf Minuten später versuchte ich, die Verstopfung zu beheben. Auf dem Weg zum Schlafsaal nahm ich erstmals wahr, dass alle Schlafsäle Richtung Innenhof ausgerichtet waren und wärmebedingt alle Türen und Fenster offen standen. Von Scham erfüllt und mit gesenktem Haupt ging ich zu meinem Bett.

Um dem Schlafnachbarn in weniger als einem Meter Entfernung nicht zu viel zuzumuten, legte ich mich auf ein anderes Bett. Es hatte eine richtig abgewetzte Matratze, mein Bettlaken konnte ich nicht finden. Für eine Suche danach fehlte mir auch die Kraft. In dieser Nacht verhielt ich mich eindeutig nicht wie Mr. Monk und schlief trotz aller Widrigkeiten entspannt ein.

Gegen 4 Uhr morgens wachte ich auf. Wo war meine Geldbörse? Wo war mein Smartphone? Ich konnte mich beim besten Willen nicht erinnern, wann ich diese wichtigen Sachen zuletzt in den Händen hielt. Meine Geldbörse hatte ich ordnungsgemäß sicher im Tagesrucksack verwahrt und mein Handy hing korrekt an der Ladestation. Bemerkenswert, wie viel Ordnungssinn ich sogar im betrunkenen Zustand hatte.

Ich schlich in den Hof, um zu schauen, ob das von mir angerichtete Waschbeckendesaster behoben sei. Immer wieder spülte ich nach. Der harte Wasserstrahl war allerdings sehr laut. Ich wollte nicht noch mehr auffallen. Zugleich war mir dieses Missgeschick so peinlich.

5 Uhr am Morgen: Ich beschloss zu fliehen. In einer halben Stunde würden die ersten Pilger aufstehen und könnten sich selbst ein Bild von der Situation machen und den Übeltäter dem Waschbecken zuordnen. Nein, ich wollte nicht der Assi-Pilger sein, der selbst gern auf die Einhaltung der Regeln pocht und sich zugleich so rücksichtslos verhält. Daher

packte ich alle meine Sachen zusammen und tat das einzig Mögliche in der Situation: Ich floh. Ich traute mich nicht, den anderen Pilgern in die Augen zu schauen. Und ich wollte auch gar nicht wissen, wem gegenüber ich ein so schlechtes Gewissen haben müsste.

Ähnlich ging es Agustin. Er wachte erst ein paar Stunden später auf, zusammen mit den anderen Pilgern. Die erste Reaktion, die er zu sehen bekam, war ein strenger Blick eines Deutschen und ein entsetztes Kopfschütteln. Agustin konnte sich kaum an etwas erinnern. Aber ihm war klar, dass nicht alles richtig gelaufen war.

Pilgerfieber

Agustin war nicht der erste Pilger mit Beatmungsgerät, dem ich begegnet war. Zwei Jahre zuvor hatte ich den Engländer John auf der *Vía de la Plata* kennengelernt, der in Schottland zu Hause war. Schotte konnte er sich selbst nach über 35 Jahren Ehe mit einer Schottin nicht nennen, er war und blieb ein Engländer. Bei aller Lockerheit, auf diesen Unterschied legten „echte“ schottische Pilgerinnen großen Wert. John drückte allen Pilgerbekanntschaften seine Visitenkarte in die Hand. Auf der einen Seite sah man ganz groß seine Hunde. Auf der anderen Seite waren sein Name, seine Kontaktdaten und ein kleines Foto seiner Frau. Er lief alleine und zog sein Beatmungsgerät in einem Rollwagen hinter sich her. Vor der ersten gemeinsamen Nacht informierte er alle Pilger im Schlafsaal und empfahl, wir sollten uns vorstellen, das Meer würde rauschen und nicht ein technisches Gerät. Am nächsten Morgen am Frühstückstisch war eine ältere Belgierin sichtlich geschafft von der Nacht. Zuvor hatte sie immer ein Hotelzimmer genommen. Erstmals in ihrem Leben verbrachte sie eine Nacht in einem Schlafsaal mit fremden Menschen. Da waren die lauten Spanier, die spät ankamen und kein Gefühl für eine angemessene Gesprächslautstärke hatten, die Schnarcher und John mit seinem Gerät. Doch am schlimmsten, am allerschlimmsten sei ich gewesen, der nachts im Schlaf gesprochen habe.

Ich spreche nicht oft im Schlaf. Wenn ich krank oder besonders erschöpft bin, kommt das allerdings schon mal vor. Matteo hatte auf dem *Camino del Norte* seine Freude daran, weil er mich nur Englisch sprechend kannte. Aber im Schlaf sprach ich Deutsch. So wie mir mein Sprechen im Schlaf sehr unangenehm war, mochten auch die Schnarcher nicht auf ihr Verhalten im Schlaf angesprochen werden. Ebenso wie John informierte Agustin die anderen Pilger vorsorglich über das Maschinengeräusch. Sein Gerät war allerdings viel kleiner als das von John und passte in den Rucksack. Er bekam immer ein Bett in Steckdosennähe. Und da die Herbergsbetreiber nicht wussten, ob das Gerät andere stören könnte, bekam Agustin meist leere Schlafsäle zugewiesen. Davon profitierte nun auch ich, da für uns ein extra Zimmer aufgeschlossen wurde, das wir uns nur mit einem älteren Spanier teilten.

In dieser Nacht konnte ich mir ein Bild davon machen, warum Agustin in Logroño so negativ aufgefallen war. Agustin atmete durch den Mund, wenn er zu viel getrunken hatte. Dies führte dazu, dass die Luft, die ihm sein Gerät in die Nase pumpte, durch den Mund wieder herausströmte. Eine bedrohliche Situation für seine Atmung entstand dadurch glücklicherweise nicht, aber Agustin klang wie ein Staubsauger im Dauerbetrieb. Der ältere Spanier und ich rüttelten ihn zweimal wach. Aber Agustin blickte uns nur den Bruchteil einer Sekunde an und schlief sofort wieder weiter.

Am nächsten Morgen spielte ich ihm eine Tonaufnahme, die ich mit meinem Smartphone gemacht hatte, vor. Agustin konnte nicht fassen, welche Geräuschkulisse von ihm ausging. Aber er konnte sich jetzt erklären, warum sein Mund so trocken war.

Inzwischen durchschritten wir die Meseta. Eine sehr karge Gegend mit wenig Schatten, die auch „Wüste" genannt wurde. Einige verglichen sie mit der *Vía de la Plata.* Ich fühlte mich zwischen den Weizenfeldern wie in Mecklenburg-Vorpommern. Die angebliche große Spiritualität dieser Landschaft konnte ich nicht wahrnehmen.

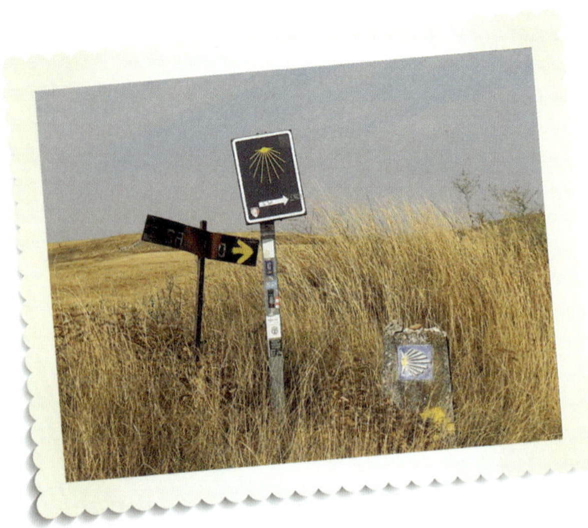

Ich humpelte etwas schneller als Agustin, der diverse Schmerzen hatte. Er nannte mich inzwischen „Krazy George“, da ich angeblich dem Erfinder der La-Ola-Welle ähnelte und mein Wahnsinn Methode hatte.

Meine Tagesetappen verbrachte ich immer häufiger mit dem deutschen Hape. Nein, sein Nachname war nicht Kerkeling. Aber er war ein witziger Typ, daher rief ich ihn gerne so. Tatsächlich hatte er den gleichen Vornamen wie Mr. Weinflasche. Der Verwaltungsbeamte war optisch ein eher unscheinbarer Typ.

Eines Abends irrte Hape im Dunkeln durch meinen Schlafsaal. Er konnte sein Bett nicht finden. Hape wollte mir partout nicht glauben, dass sein Bett in der privaten Nachbarherberge nebenan war und dass hier die öffentliche Herberge sei. Das abendliche Schauspiel amüsierte mich sehr. Aber egal ob öffentlich oder privat, unsere Nächte waren wenig erholsam. Ständig klingelte ein Wecker oder sonstige Geräusche raubten uns den Schlaf.

An einem der nächsten Nachmittage waren Hape und ich zusammen sehr früh in einer Herberge angekommen. Nach unruhigen Nächten in Gruppenschlafsälen entschieden wir uns für ein gemeinsames Doppelzimmer. Die Begeisterung war groß: Wir hatten zu zweit ein eigenes Badezimmer. Es gab frische Bettwäsche. Das war purer Pilgerluxus.

Bevor wir in die Stadt gingen, um zu essen, gaben wir unsere Wäsche an der Rezeption ab. Man muss wissen, dass die Wäsche mit der Waschmaschine viel sauberer wird und vor allem durch das Schleudern später auch weniger Trockenzeit benötigt. Zwei Stunden später flatterten also unsere Maschinenwäsche sowie mein mit der Hand gewaschener Seidenschlafsack in der Sonne. Hach, war das schön. Endlich wieder richtig sauber!

Als wir kurz vor dem Abendessen zu den Wäscheständern kamen, dann die große Überraschung: Ein triefend nasses Radfahrer-Outfit, das nur halbherzig mit der Hand gewaschen war, hing über meinem Wäscheständer. Meine Wäsche war zum Teil zur Seite geschoben, zum Teil lag sie aber auch noch unter den ekelhaften nassen Teilen. Igitt.

Ich hatte mich so auf meine saubere und trockene Wäsche gefreut. Und dann kam irgendein rücksichtsloser Idiot und knallte seine schmuddeligen Sachen darauf. Ich hatte das Bedürfnis, den Wäscheständer mit den verschwitzten Radfahrersachen umzustoßen. Aber so viel asoziales Verhalten brachte ich nicht übers Herz. Einfach so sollte dieser Kerl jedoch nicht davonkommen. Ich revanchierte mich auf meine Art und Weise, packte den Wäscheständer und stellte ihn in den Schatten. Denn dort konnte die Kleidung des Typen unmöglich noch trocken werden. Die vornehme Rache war mein.

Fast eine Woche zu früh kam ich in Léon an. Warum war ich schon wieder über diesen Weg gehetzt? Meine Knieschmerzen hätten etwas anderes nahegelegt. Aber das Einzige, was mich wirklich ängstigte, waren Bettwanzen. Und offenbar Unterforderung. Anders konnte ich meinen Geschwindigkeitsrausch nicht erklären.

Nun hätte ich mit Agustin und Hape, die sich inzwischen auch kennengelernt hatten, weiterlaufen können. Bis Astorga oder vielleicht sogar Ponferrada.

Aber beide Städte kannte ich schon. Ich brauchte noch eine richtige Herausforderung. Also entschied ich mich für den *Camino de San Salvador,* der in Léon beginnt und in Oviedo in den *Camino Primitivo* mündet.

Ein Buch für eine Vier-Tages-Strecke brauchte ich nicht. Der Weg war ja schließlich mit gelben Pfeilen markiert. Ich würde die Zeichen deuten und brauchte nicht alles vorher zu wissen. Betten würden sich schon finden. Die erste öffentliche Herberge hatte ich auf einer Internetseite recherchiert. Also, auf ins Abenteuer!

Spätestens als ich am Abend vor verschlossener Tür der Herberge stand, sich meine Lebensmittel – einschließlich dem Wasser – dem Ende neigten und die Abendsonne nochmal ihre ganze Kraft rausholte, war ich doch etwas verunsichert. Mein Telefonat mit der spanischen Hospitalero-Familie war sehr verwirrend. Ich hatte keine Ahnung, ob sie mich auslachten und die Herberge geschlossen sei oder gleich jemand kommen würde. Etwa 30 Minuten später kam ein Mann in Badelatschen die Dorfstraße hinunter. Er sprach kein Englisch und sein Spanisch war sehr schwer zu verstehen. Ich fand heraus, dass es keinen Laden für Lebensmittel gab und kein Restaurant. Und meine Frage, ob ich bei ihm privat Lebensmittel kaufen könnte, beantwortete er, indem er den Küchenschrank der Herberge öffnete, wo ein angefangenes Päckchen Spaghetti lagerte. Okay, verhungern musste ich nicht. Ich fand sogar noch etwas Olivenöl und eine Menge Salz. Und in meinem Rucksack steckte noch eine Orange. Also machte ich es mir schön. Ich hatte ein eigenes Gebäude für mich allein. Und das für nur sechs Euro. Ein eigenes Badezimmer, indem es allerdings auch eine Menge toter Insekten gab. Eine große Terrasse sowie freie Bettenwahl im Doppelstockbett-Schlafsaal.

Am nächsten Tag ging es richtig in die Berge. Zuvor gab es ein deftiges Frühstück: kalte Spaghetti, versteht sich. Und nach zwei Stunden Fußmarsch begegneten mir wilde Pferde. Die jungen Fohlen waren sehr neugierig, aber auch extrem schreckhaft. Die Elterntiere beobachten zunächst das Geschehen.

Auf meinen Wegen hatte ich immer viel Respekt vor Tieren, allein schon aus Angst, von diesen gestoßen, gebissen oder getreten zu werden. Daher hielt ich auch von den Pferden einen wohlüberlegten Sicherheitsabstand. Doch sie versammelten sich ausgerechnet vor mir auf dem Weg. Links waren Felsen, rechts ging es steil bergab. Eine Alternative gab es nicht. Ich musste mich an etwa zwanzig großen Pferden vorbeizwängen, die zunehmend genervt schienen.

Nach dieser respekteinflößenden Erfahrung brauchte ich ein frühes Mittagessen. Es gab wieder kalte Nudeln. So langsam war das Zeug echt nicht mehr appetitlich. Die Natur war wunderschön. Aber es ging unentwegt auf und ab. Und die wenigen Dörfer auf diesem Abschnitt waren ohne Verpflegungsmöglichkeiten. So langsam war es mir zu viel des Abenteuers. Ich hatte richtig Kohldampf.

Bei der Überquerung einer Landstraße sah ich eine Raststätte, in die offenbar Lkw-Fahrer zum Mittagstisch einkehrten. Ich freute mich auf Speis und Trank. Hier in den asturischen Bergen verstand ich jedoch die Leute nicht. Ich bestellte auf gut Glück.

Am Abend begrüßte mich die Inhaberin einer Pension überschwänglich. Ich war früh am Morgen aufgebrochen. Mich hatte niemand überholt. Freie Bettenwahl sollte mir gewiss sein. Fehlanzeige, die Pension war ausgebucht durch eine Pilgergruppe, die offenbar hinter mir unterwegs war. Also zog ich in die Herberge weiter, die voller Pilger war. Wo kamen die denn alle her? Ich bekam eines der letzten Betten und auch ein leckeres Abendessen. Es war ein wildes Brabbeln. Es wurde ausschließlich Spanisch gesprochen. Aber Bett, Speis und Wein sollten mir genügen.

Zwei Tage später kam ich in Oviedo an. Die öffentliche Pilgerherberge, ein ehemaliges Priesterseminar mit dem Erscheinungsbild eines Gefängnisses, war mir bereits durch die gemeinsame Zeit mit Frank vertraut. Ich war allein unterwegs und wurde im Gruppenschlafsaal mit anderen jungen Männern untergebracht, die hier ihre Pilgerschaft auf dem *Camino Primitivo* begannen.

Da ich ein Held war, den Hunger, Berge und wilde Tiere nicht aufhalten konnten, pfiff ich auf einige meiner Vorsichtsmaßnahmen gegen Bettwanzen. Ich hatte den Mr. Monk in mir besiegt. Ich wollte als Abenteurer nach Deutschland zurückkehren und nicht länger von einer „German Angst" bestimmt sein. Hatte ich tatsächlich Balance gefunden oder kippte ich ins nächste Extrem? Am Morgen wachte ich jedenfalls mit Bettwanzenbissen am Körper auf.

Während ich nach Hause fliegen musste, ging es für Agustin und Hape auf dem *Francés* nach Santiago weiter. Ich freute mich, mittlerweile in der Heimat, so sehr über ihre allererste Ankunft dort, als ob ich selbst angekommen wäre. Hape hatte inzwischen

Blut geleckt und pilgerte nicht nur ans Ende der Welt weiter, sondern hängte den Portugiesischen Weg ab Porto spontan dran. Der Neuling war im richtigen Pilgerfieber. Jedoch überschätzte er seine Möglichkeiten. Seine Reise endete mit einer Beinentzündung und großer Enttäuschung im Krankenhaus.

Ich hingegen ertappte mich, wie ich in den folgenden Monaten von Deutschland aus regelmäßig das Wetter auf dem Jakobsweg checkte. Würde es gerade wieder regnen in Santiago, während in Berlin die Sonne schien? Auch der erste Schneefall in den Bergen weckte meine Neugier. Ich war inzwischen fast jeden Tag in Gedanken auf dem Weg. Die Sehnsucht nach dem Camino wurde wahnsinnig groß, und ich wollte dieses Gefühl nicht mehr missen.

Die Rolle als Pilger war fester Bestandteil meiner Identität geworden. Glücklicherweise wurden meine lebendigen Pilgerberichte von immer mehr Menschen als willkommene Gedankenpause vom stressigen Alltag gesehen. Dieser Zuspruch half mir, meine Leidenschaft zu kanalisieren. Es entstand die Facebook-Seite *Pilgerwahnsinn*.

8
UNTERWEGS MIT SEYRAN ATEŞ

Die Stalkerin

Pilgern ist plötzlich ein attraktiver Party-Talk. Auf dem 40. Geburtstag meiner Berliner Freundin Anja plauderte ich aufgeregt über meine Erlebnisse auf dem Jakobsweg. Die vermeintliche Spaßgeneration hörte gebannt zu. Neben vordergründigen Fragen klangen auch tiefsinnige Motive an. Besonders faszinierte die Zuhörer, dass ich immer wieder aufbrach, da ich mich nach der Freiheit auf dem Camino sehnte.

Vorab: Ich mag Regeln. Sie helfen, das Leben zu ordnen, sie gelten für alle Menschen gleichermaßen. Am liebsten sind mir natürlich Regeln, die ich selbst mache. Regeln, die andere aufstellen, ergeben häufig auch Sinn, zum Beispiel die Nachtruhe im Pilgerschlafsaal ab 22 Uhr. Aber es gibt auch Regeln, die eher dumm sind. Die Verbote von Hospitalero Napoleon waren dafür ein gutes Beispiel. Aber auch von vernünftigen Regeln muss hin und wieder eine Ausnahme gemacht werden, wie zum Beispiel die Einlasszeiten im Kloster Sobrado dos Monxes.

Prinzipien sind etwas Ähnliches wie Regeln. Aus Prinzip mochte ich es lange Zeit nicht, mit anderen

Menschen zusammen Zähne zu putzen. Dieses Prinzip musste ich auf dem Camino ganz schnell aufgeben, und es tat auch gar nicht weh. Andere Prinzipien entwickelte ich durch den Camino, zum Beispiel das Prinzip, dass man den Camino alleine gehen muss, ihn zumindest alleine starten sollte, um offen für Neues zu sein. Auch von neuen Prinzipien kann man eine Ausnahme machen, zum Beispiel als ich mit Maria und Christine wiederholt pilgerte, mit Martin aus dem Pilgerforum und mit meinem Freund Frank. Warum? Weil es schon mal gut funktioniert hatte in einer ähnlichen Situation. Aber mit jemandem einen Jakobsweg starten, der oder die noch nie gepilgert ist? Nein, das wollte ich nicht. Doch auch hiervon kann man abweichen.

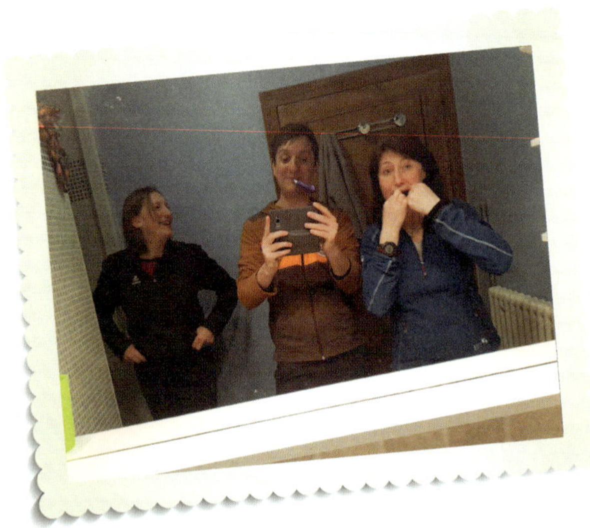

„Ihr beide auf dem Jakobsweg, wie soll das gehen? Ihr quatscht doch die ganze Zeit", so ungefähr lautete die Reaktion von Berlins ehemaligem Bürgermeister Klaus Wowereit zu Seyran Ateş und mir. Er feixte dabei auf seine unverwechselbare Art und Weise. Wir waren auf dem Empfang des Berliner CSD-Vereins. Seyran hatte bereits zum zweiten Mal den Preis des Christopher Street Day (CSD) für ihr vorbildliches Engagement gegen Homosexuellenfeindlichkeit erhalten, dieses Mal als Gründerin der liberalen Ibn Rushd-Goethe-Moschee. Ich war ihr Laudator. Und ich wollte etwas Persönliches als Geschenk beifügen. Das war die gemeinsame Pilgerreise. Nicht eine ganze Reise, nur etwa drei Tage.

Seyran hatte mich in den vorangegangenen Jahren schon häufig gefragt, ob wir den Weg gemeinsam laufen könnten. Und auch sie bekam meine Standardantwort „Nein“ zu hören. Ich meinte das nicht böse, aber der Weg war meine Sache, die ich nicht teilen wollte, wo ich zu 100 Prozent frei war, ohne Verpflichtungen. Daran wollte ich nichts ändern.

Seyran hatte ein besonderes Leuchten in meinen Augen wahrgenommen, jedes Mal, wenn ich vom Jakobsweg zurückkam oder davon erzählte. Und sie war ein bisschen wie eine Stalkerin, da sie immer und immer wieder fragte. Und sie war nicht die Einzige, die mit mir den Weg gehen wollte. Aber meine Entscheidung stand fest. Bis ich schließlich ins Grübeln kam.

Seit 13 Jahren verband uns die Menschenrechtsarbeit. Sie als Anwältin, Autorin und Moscheegründerin. Ich als Jugendbeauftragter, Projektleiter und schließlich Geschäftsführer des Lesben- und Schwulenverbandes Berlin-Brandenburg. Wir bekämpften Zwangsverheiratungen, setzten uns für sexuelle Selbstbestimmung ein und gegen Unterdrückung im Namen der Ehre.

Während ich in den Anfangsjahren meines Engagements von so manchem Extremisten milde belächelt wurde und später den ein oder anderen Shitstorm aushalten musste, hatte Seyran mit ganz anderen Kalibern zu kämpfen. Sie hatte in der Vergangenheit nicht nur einen Mordanschlag knapp überlebt, sondern musste auch in der Gegenwart um ihr Leben und ihre körperliche Unversehrtheit fürchten. Verhasst von fremdenfeindlichen Rechtsextremen und muslimfeindlichen fundamentalistischen Christen, bedroht von Islamisten und verleumdet von linken Kulturrelativisten stand sie als Individualgefährdete nun unter Personenschutz des Landeskriminalamtes, kurz LKA. Ihr Buch „Der Islam braucht eine sexuelle Revolution“ (Berlin 2009) hatte das Fass zum Überlaufen gebracht. Ein Buch, eine Denkschrift. Unfassbar, dass Worte für Freiheit und Selbstbestimmung zu Gewalt führten. Auch wenn Seyran sich einige Jahre aus familiären Gründen aus der Öffentlichkeit zurückzog, hatte sie nie vor, sich mundtot machen zu lassen.

Die Situation verschärfte sich für Seyran mit der Eröffnung der Ibn Rushd-Goethe-Moschee 2017. Ein gemeinsamer Mitstreiter hatte die Türen und Tore der evangelischen Kirche weit geöffnet, um der kleinen und einzigartigen Moschee in Berlin-Moabit Mieträume zur Verfügung zu stellen. Während die großen konservativen Moscheeverbände aus dem Ausland viel Geld erhalten und auch vom deutschen Staat mitunter großzügig gefördert werden, musste die liberale Moschee ohne eine solche Starthilfe auskommen. Seyran ging in Vorkasse, ohne die persönliche Einlage je wiederzusehen. Das mediale Echo war groß, die verbindliche politische Unterstützung blieb zunächst aus. Und da es die erste Moschee in Deutschland war, die gleichberechtigte Religionsausübung von Frauen und Männern ermöglichte und auch homosexuelle und transgeschlechtliche Menschen willkommen hieß, verschärfte sich die Bedrohungslage für Seyran von heute auf morgen noch einmal erheblich. Aufgrund der höheren Gefährdungsstufe bekam sie ein festes Team vom Personenschutz des Landeskriminalamtes an ihre Seite, das rund um die Uhr für ihre körperliche Unversehrtheit sorgte. Auch im Ausland.

Wie sollte unsere Pilgerreise so möglich sein? Ich merkte kritisch an: „Ich möchte nachts im Schlafsaal nicht erschossen werden, weil ich auf dem Weg zur Toilette für eine Bedrohung gehalten werden.“ Der LKA-Beamte in Begleitung von Seyran lachte und gab mir zu verstehen, dass eine Übernachtung im Gruppenschlafsaal aus Sicherheitsgründen sowieso keine Option sei.

Spanien kam aufgrund bürokratischer Hürden bei den Sicherheitsvorkehrungen erst einmal auch nicht infrage. Aber Santiago liegt in Spanien. Ich hatte etwas versprochen, dass sich gar nicht so einfach realisieren ließ. Jegliche Spontaneität, die den Weg ausmacht, drohte verloren zu gehen. Aber für drei Tage schien das okay für mich zu sein.

Zunächst musste das Landeskriminalamt der ungewöhnlichen Reise zustimmen. Jeder Tag und jeder Ort sollten vorab geprüft werden. Aus drei Tagen Pilgerreise wurden zwei Wochen. Aus einer Reise von Seyran und mir wurde eine Reise in Begleitung von Landeskriminalamt, meinen Pilgerfreundinnen Maria und Christine sowie einer unerfahrenen Freundin von Seyran. Weitere Anfragen schmetterte ich genervt ab.

Insbesondere Seyrans Freundin löcherte mich mit Fragen, bis ich klarstellen musste: „Ich bin kein Reiseleiter. Auf dem Weg ist jeder für sich selbst verantwortlich. Und Scheitern ist nicht ausgeschlossen.“ Auch Seyran hatte viele Fragen. Sie stellte sie aber wohldosiert und recherchierte eigenständig.

Nun stand die Reise im März 2019 kurz bevor. Der vermeintliche Pilgerprofi Jörg und eine mehrköpfige Pilger-Delegation. Ich verschaffte mir zwei Tage Vorsprung, um von meiner neuen „Großfamilie“ nicht überrumpelt zu werden.

Unser Weg startete im französischen Le Puy, über 1.500 Kilometer entfernt von Santiago. Ungefähr 330 Kilometer hatten wir auf der *Via Podiensis* vor uns. Flexibel waren wir aufgrund der verbindlichen Absprachen zwischen LKA, Außenministerium und Botschaft nicht. Aber unser bergiger Weg in der ersten Woche war ambitioniert.

—

Bischof Godeschalk von Le Puy machte mit seiner Pilgerreise im Jahr 951 den Jakobsweg bekannt. Aufgrund der von Normannen und Mauren drohenden Gefahr war die Pilgerfahrt damals aber noch sehr unsicher.

—

Am 16. März um 8 Uhr morgens sollte es losgehen. Zunächst trafen wir uns zur Pilgermesse in der Kathedrale von Le Puy. Die vier anderen Pilger aus Frankreich und Spanien staunten nicht schlecht über die vielen Deutschen. Und die Priester waren sehr angetan von unserer multireligiösen Gruppe.

Dann ging es endlich los. Doch eine der Mitpilgerinnen musste nochmal auf Toilette, eine weitere schloss sich diesem Wunsch an. Nein, so war das nicht geplant!

Die Frauen redeten vor Aufregung wild durcheinander und bewegten sich in Zeitlupe voran. Na toll. Das war nicht mein Schritttempo, daher lief ich voran und wartete auf dem Hügel am Ortsausgang.

Seyran atmete schwer, riss sich den Rucksack von den Schultern und sagte: „Ich bekomme keine Luft.“ Als wir langsam bergauf weiterliefen, blieb sie immer stehen, wenn sie etwas sagte. Und sie sagte viel. Irgendwann stellte ich genervt fest: „Wir können auch beim Gehen reden, dafür müssen wir nicht stehenbleiben.“ Seyran erwiderte erschöpft: „Dann bekomme ich aber keine Luft. Ich kann bergauf nur im Stehen reden.“

Das ging noch eine Weile so weiter, bis ich für mich entschied, in meinem Tempo – also schneller – weiterzulaufen und an einem schönen Rastplatz auf die anderen zu warten.

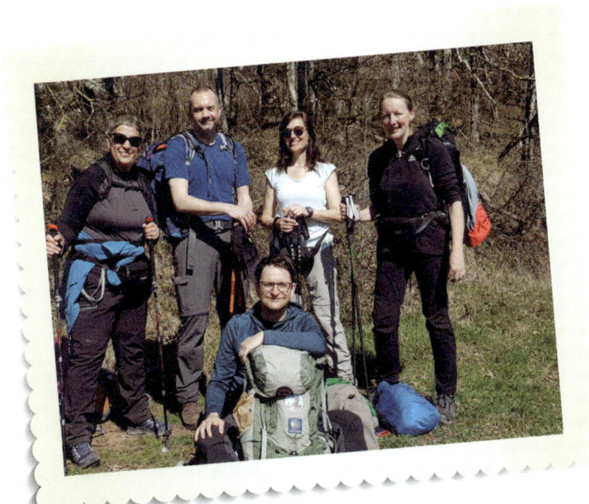

Es bildeten sich eine schnelle Gruppe um Maria, Christine, Seyrans Freundin und mich sowie eine langsame Gruppe um Seyran und das LKA. Es war wieder so ein heißer Märztag, wie ich ihn von der *Vía de la Plata* kannte. Bei den Männern vom LKA zeigte sich schon ein leichter Sonnenbrand. Sie waren auf alles vorbereitet, bis hin zum Attentat auf ihre Schutzperson, aber nicht auf die intensive Sonne.

„Wo seid ihr? Wir haben uns verlaufen", schrieb mir Seyran via WhatsApp. Oje, dasselbe war auch uns passiert. Da beide Gruppen zu einer Wegkreuzung zurückkehren mussten, war hinten nun vorne. Alle hatten sich auf den „Profi", also mich, verlassen. Großspurig hatte ich am Morgen noch gemeint, man könne sich auf dem Camino nicht verlaufen. Und nun mussten wir am ersten Tag statt 24 Kilometer gleich 37 Kilometer meistern. Erst kurz vor Einbruch der Dunkelheit trafen wir ein.

Das LKA-Team, Seyran und ihre Freundin checkten zusammen im vorgebuchten Hotel ein, Maria, Christine und ich hatten eine Pilgerherberge für uns allein.

Am nächsten Morgen begrüßte ich die Pilgerinnen und das LKA-Team mit einem fröhlichen: „Ihr seht aber süß aus." Mit Bedrohungen kannte sich der Personenschutz aus. Eine derartige unpassende Begrüßung hatten sie aber offenbar noch nie abwehren müssen. Es war mir einfach so rausgerutscht, weil ich etwas Nettes sagen wollte.

Es ging bergig weiter. Da niemand gezwungen sein sollte, auf die anderen Rücksicht nehmen zu müssen, und damit um die eigene Freiheit beraubt wäre, liefen wir alle in unserem jeweiligen Tempo. Seyrans Freundin war fest davon überzeugt, weiterhin zu den schnellen Pilgern zu gehören. Ihre aufkommenden Schmerzen nahm sie nicht ernst.

Auf einer Bergspitze mit Fernsicht jubelte ich Seyran zu, die sich wacker hielt. Seyran lauschte der Natur und war auf ihr Laufen konzentriert. Und durch die Berge hörte sie einen dauerquatschenden Jörg. Unentwegt plapperte er. Hatte Klaus Wowereit also doch recht? War ein besinnlicher Weg in Gesellschaft mit mir nicht möglich?

Mit Personenschutz auf dem Jakobsweg

Da waren wir also, eine sunnitische Muslimin, deren Moschee für alle muslimischen Ausrichtungen offensteht, eine Alevitin, zwei Katholikinnen und ein Protestant. Lessing hätte seine Freude an uns gehabt.

Ich wollte weder Reiseleiter noch Pilgercoach sein, sondern einer unter mehreren. Christine fragte mich, warum ich damals, als wir uns kennenlernten, mit einer Art Gruppenleiter gestartet sei. Mein Bonding-Guru war für die Bewältigung des Weges zwar eher eine Bremse. Im Hinblick auf meine Flucht könnte man aber auch behaupten, er habe als Katalysator und Beschleuniger gewirkt – wenn auch ungewollt. Fakt ist, dass es kein richtiges und kein falsches Pilgern gibt. Das wollte ich auch Seyran und ihrer Freundin vermitteln.

Nun hatten wir zwar keinen Coach, aber Personenschutz. Immer umgeben von den bewaffneten Männern und Frauen. Es war ungewohnt, aber keine Einschränkung. Und von außen betrachtet waren wir einfach eine große Pilgergruppe. Eine Person wirkte vielleicht etwas beliebter als die anderen, weil sie immer umringt war von mehreren Leuten.

Seyran erläuterte uns, dass sie den Polizeischutz nicht als Einschränkung ihrer Freiheiten erlebte, da ihre Einschränkungen ohne den Schutz viel größer wären. Allen war klar, dass sie eine starke Frau ist, die in Freiheit leben will und keine Angst hat, sich für die Freiheit anderer einzusetzen. Und während viele Menschen sich durch Kleingeistigkeit ein eigenes Gefängnis schaffen, ließ Seyran keinen Zweifel an ihrem Engagement.

Und ich lernte keine trockenen Beamten kennen. Und keine aufgepumpten Muskelprolls, sondern sympathische Menschen, die man gern auch als Nachbar hätte. Es war mir zugleich klar, dass es sich um einen Personenschutz für Seyran handelte, der bei seiner professionellen Arbeit nicht gestört werden durfte.

—

Auch in früheren Jahrhunderten begaben sich nicht nur einfache Pilger auf den Jakobsweg, sondern auch Fürsten und Könige. Einige waren mit eigenem Personenschutz unterwegs, andere vertrauten auf die Tempelritter, die die christlichen Pilger vor Räubern schützten. Die Templer waren nicht nur Beschützer, sondern fungierten auch als Bank, bei denen die wohlhabenden Pilger ihre Münzen sicher verwahren konnten und je nach Bedarf bereitgestellt bekamen. Sie waren Ritter und Mönche zugleich. Der Einfluss des nur dem Papst unterstellten Ordens war dem französischen König ein Dorn im Auge. Am Ende konnte er die Aufhebung des Templer-Ordens durch den Papst erreichen, vorbereitet dadurch, dass den Ordensrittern

abweichende Glaubensvorstellungen (*Häresie*) und homosexuelles Verhalten vorgeworfen wurde.

—

Im Gegensatz zu früheren Zeiten ist der Jakobsweg heutzutage kein gefährlicher Ort mehr. Aber für manche Menschen gilt kein Ort als sicher. Und Seyran, als eine der am stärksten gefährdeten Frauen in Deutschland, konnte nicht mal „einfach so" auf den Jakobsweg.

Nun hatte ich schon öffentlich beim CSD-Empfang verkündet, dass wir zusammen pilgern würden. Und die Pilgergeschichten auf meinem Facebook-Account erfreuten sich ebenfalls großer Beliebtheit. Umso schwerer fiel mir, Einschränkungen in Kauf zu nehmen, nicht nur zur Sicherheit von Seyran, sondern von uns allen. Ich sollte nicht live vom Ort des Geschehens posten, damit unser aktueller Standort nicht bekannt war. Ich sollte auch im Nachhinein niemandem über die Anzahl der Personenschützer, ihre Ausrüstung und die von mir beobachtete Arbeitsweise erzählen. Namen waren sowieso tabu, da auch die Familien der Frauen und Männer keiner Gefahr ausgesetzt werden sollten.

Manche Personenschützer nannten sich im Dienst wie ein Wurzelgemüse, andere wie eine Urlaubsinsel. Außer ihrer sportlich muskulösen Statur hatten die Männer und Frauen wenig gemeinsam, woran man sie hätte erkennen können.

Es war ungewohnt für mich, dass diese fremden Personen die meisten Privatgespräche mitbekamen. Seyran und ihren Personenschutz nahm ich stets wie ein eingespieltes Team wahr, in dem respektvoll miteinander umgegangen wurde und jeder seine Funktion kannte. Auch ich musste in dieser Konstellation für die nächsten zwei Wochen meine Rolle finden.

Die erste Begegnung mit dem LKA war amüsant. Ich schlenderte mit Maria und Christine am Vorabend unserer Pilgerreise durch Le Puy – Seyran war noch auf dem Weg zu uns. Da es abends etwas kühl war, trug ich meine Fleecejacke mit Kapuze. Zwei vermeintlich deutsche Touristen sprachen uns an und fragten nach dem Startpunkt des Jakobsweges. Sie taten dies sehr strukturiert. Und ich fragte spontan zurück: „Sie sind doch vom LKA, oder?“ Stille. Ich nahm die Kapuze vom Kopf und stellte mich vor. Sofort erkannten mich die beiden und mussten lachen. Diese menschlichen Momente gab es immer wieder. Und das war auch gut so für uns als Pilger, die sich möglichst privat fühlen sollten. Aber auch für die LKA-Beamten, die es doppelt schwer hatten, da sie immer das Schritttempo von Seyran halten mussten, egal wie langsam oder schnell sie gerade war. Und die die ganze Zeit auch sehr aufmerksam waren, um potenzielle Gefahren sofort zu erkennen und abzuwehren.

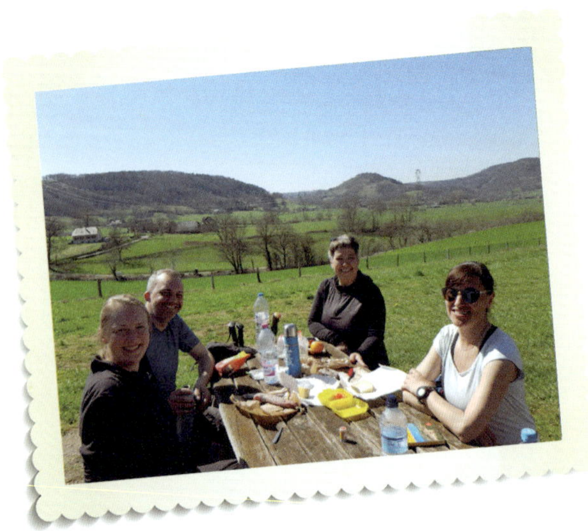

Seyran hatte Personenschutz. Zugleich zählen auf dem Jakobsweg weder Promifaktor, Einkommen, Besitz und gesellschaftlicher Status, hier sind alle gleich. Nicht Gleichheit im Sinne von Kommunismus und zerstörerischem Neid. Vielmehr im Sinne einer offenen menschlichen Begegnung, ohne Berücksichtigung des materiellen Besitzes.

Es ergaben sich dennoch immer wieder besondere Anforderungen, damit Seyran an ganz normalen Dingen teilhaben konnte. Sogar eine Hippie-Herberge musste erst überprüft werden, bevor Seyran dort mit uns zu Abend essen durfte.

An Tag drei regnete es am Ende unserer Etappe. Aber mit Poncho war das kein Problem. Wäre nur nicht die Herberge geschlossen gewesen. Während sich Seyran und das LKA in ihr Hotel verabschiedeten, pilgerten wir anderen zehn Kilometer weiter, wo es in einem Dorf eine hübsche Herberge geben sollte, die garantiert offen war.

Apropos Dorf: Dort leben in der Regel viele Tiere. Vor allem auch Katzen. Und die Franzosen schienen mir tierlieber als die Spanier zu sein. Daher befürchtete ich, dass eine Katze am Ofen schnurren würde, wenn wir ankommen. Und das bei meiner Katzenallergie. Meine Begleiterinnen meinten, dass ich den Teufel nicht an die Wand malen sollte.

Es dämmerte schon. Jetzt war es wirklich genug für heute. Als wir auf den Hof der Herberge kamen, huschte die erste Katze durch ein Tor. Das musste noch nicht bedeuten, dass hier Katzen auch in die Wohnräume gelassen werden. Der Herbergsvater begrüßte uns herzlich und öffnete uns die Tür. Und da lagen sie, etwa zehn Katzen, auf den Sofas, auf den

Stühlen, am Fressnapf. Überall Katzen. Das konnte nur mein persönlicher Alptraum sein.

Die Folgen meiner Allergie waren üblicherweise nicht nur rote Augen, sondern auch schlimme Atemnot. Nein, hier in der französischen Pampa wollte ich nachts keinen Asthmaanfall haben. Bevor der Notfallwagen da sein könnte, wäre ich schon erstickt. Der Herbergsvater lachte und versicherte mir, dass man auf seine Katzen definitiv nicht allergisch reagieren würde. Es seien „besondere Katzen". Ich glaubte ihm kein Wort, es waren stinknormale Hauskatzen.

Ich entschied, weiterzuziehen und den anderen eine gute Nacht zu wünschen. Die mitleidigen Blicke waren lieb gemeint. Aber ich war zuversichtlich, dass ich woanders einen katzenfreien Schlafplatz finden würde. Der Herbergsvater riet mir von dem Vorhaben dringend ab, da es schnell dunkel werden würde und in den nächsten Stunden keine offene Herberge zu erreichen wäre. Hinter dem Haus sei eine Schutzhütte mit Ofen, die ich benutzen könnte. Ich schaute mir die Hütte an.

Die Schutzhütte war ein altes Steingebäude mit verzogener Holztür aus dem Jahr 1835. Und es gab einen Ofen. Ich beschloss, hier zu nächtigen, wenn ich das Feuer in Gang bringen würde. Während meine Pilgerfreundinnen die warme Stube im Nachbargebäude genossen, versuchte ich verzweifelt, ein Feuer zu machen. Die großen Holzklötze waren zwar trocken, aber nicht gespalten, weshalb es eine große Herausforderung wurde. Mit Feuerzeug, Papier und Holzspänen gelang es mir beim etwa zwanzigsten Versuch dann doch endlich. Ich hatte Feuer gemacht.

Dass in meinen Händen lauter Holzsplitter steckten, bemerkte ich vor Aufregung gar nicht.

Nun hatte ich mir meine Dusche verdient. Um so wenig Kleidungsstücke wie möglich mit Katzenhaaren zu kontaminieren, nahm ich nur das Notwendigste mit in das Badezimmer und huschte durchs katzenhaarverseuchte Haus. Es war so schön warm hier. Als ich wieder nach draußen kam, waren die Katzen über meine Wanderschuhe hergefallen, hatten die Innensohlen herausgefischt und zerkratzen und zerbissen sie.

Auch Abendessen sollte es für mich geben. Da das warme Licht der Sonne fehlte, war es inzwischen sehr kalt geworden. Aber ich wollte auf gar keinen Fall im Katzenhaus speisen und ließ mir die Gänge des Pilgermenüs nach draußen bringen. Die Katzen, die nicht im Haus waren, versammelten sich um mich, weil sie glaubten etwas abzubekommen. Erst eine, dann zwei, schließlich musste ich mehr als fünf Katzen abwechselnd abwehren. Der Herbergsvater gab mir einen Stock, vor dem sie zumindest etwas Respekt hatten.

Meine Sorge galt dem Feuer, daher schlang ich das Essen hinunter, um es mir danach in der Schutzhütte gemütlich zu machen. Inzwischen war es so dunkel geworden, dass ich in der Hütte die eigene Hand vor Augen kaum noch sah. Das Feuer war eine hilfreiche Lichtquelle. Und ich beschloss, die langen Holzbänke, die nebeneinander an einer Wand standen, ans Feuer zu stellen, um in der Nähe von Wärme und Licht zu sein. Und um die nächtlichen Wege zum Holznachlegen zu verkürzen.

Fehlanzeige, denn der Fußboden war derart uneben, dass die Holzbänke nur an der Wand halbwegs sicher standen. Und einen nächtlichen Sturz auf den Steinfußboden im Schlaf wollte ich nicht auch noch riskieren. Also blieb alles, wie es war.

Die harte Holzpritsche ähnelte in keinster Weise einer Bettmatratze. So müssen sich Insassen in mittelalterlichen Gefängnissen gefühlt haben, obwohl sie sicher kein Feuer hatten. Voll angekleidet schlüpfte ich in meinen Schlafsack. Um die Kälte des Untergrundes abzumildern, hatte mir Christine zusätzlich ihren Schlafsack geliehen.

Die Nacht bestand darin, dass ich halbstündig aufstehen musste, um das Feuer am Brennen zu halten. Der Ofen war sehr klein. Ich zog mich immer dicker und dicker an, da ich bitterlich fror. Und offenbar hatte ich mir auch noch die Blase verkühlt.

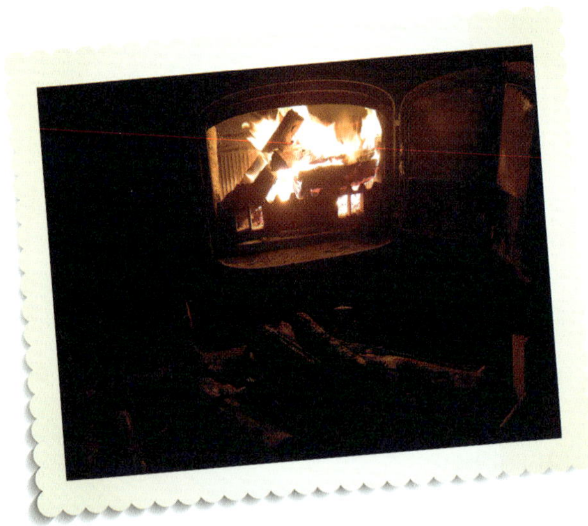

Es war die erste Nacht, in der wieder Bodenfrost herrschte. Der Nachthimmel war glasklar, und die Sterne funkelten. Aber ich wollte nicht mehr frieren. Zunehmend hatte ich den Eindruck, dass das Feuer mehr Licht- als Wärmequelle war.

Und dann passierte es doch. Das Feuer war ausgegangen. Ich bekam das Holz im Ofen nur noch zum Rußen, aber nicht mehr zum Brennen. Ab sofort war mein Mobiltelefon meine einzige Lichtquelle. Aber der Akku hatte unter der Kälte stark gelitten. Eine Steckdose gab es in der alten Schutzhütte natürlich nicht, sonst wäre auch eine elektrische Lichtquelle möglich gewesen.

Ich beschloss aufzubrechen. Aber ich wollte mich nicht auch noch im Dunkeln verlaufen. Daher errechnete ich, wann ich starten müsste, um nicht länger als 45 Minuten im Dunkeln zu sein. So lange mochte ich die Orientierung aufrechterhalten, zumal der Weg zunächst entlang der Straße führte, die jedoch außerhalb des Dorfes nicht mehr beleuchtet war.

Körperhygiene musste sein. Ich wusch mir mein Gesicht und putzte Zähne im Garten, füllte dort auch meine Wasserflasche auf. Und zog an, was ging. Nach der sechsten Kleiderschicht drohte meine Bewegungsfähigkeit zu leiden. Das musste reichen. Dummerweise hatte ich meine Handschuhe am ersten Tag in Le Puy verloren. Ich zog mir ein Paar Wandersocken über die Hände. Mit der letzten Energie meines Mobiltelefons teilte ich den Frauen mit, dass ich schon aufgebrochen sei und der Schlafsack von Christine ordnungsgemäß verpackt in der Schutzhütte liegen würde.

Auf ging es. Es war nicht nur eine kalte Nacht, sondern ein noch kälterer Tag durch die schneebedeckten Berge. Die Wege waren teilweise überfroren. Erschöpft rutschte ich durch die Gegend.

Auch wenn es sich um eine abwechslungsreiche, schöne Landschaft handelte, ich litt unter der Kälte und schleppte mich müde über den Weg. Ich hatte aus der Vergangenheit gelernt und Essensreserven dabei. Das war auch wichtig, da es unterwegs in dieser Jahreszeit keine Einkehrmöglichkeiten gab. Ein Apfel sollte mein Mittagessen sein. Bei minus fünf Grad Celsius war dieser allerdings gefroren und daher alles andere als bekömmlich.

In der folgenden Nacht schlief ich fest und holte Schlaf nach. Ein neues Trauma war geboren: Katzen. Da viele Herbergen noch geschlossen waren, hatten wir uns angewöhnt, tagsüber unser Kommen telefonisch anzumelden. Ich wollte immer nur eines wissen: ob es dort Katzen gäbe. Und ja, eine unserer nächsten Herbergen hatte eine Katze. Es waren zwar zum Glück nicht wieder ein Dutzend davon. Aber auch eine Katze bereitete mir Sorge. Die Schlafräume waren in einem eigenen Gebäude und glaubhaft katzenfrei. Der Essensraum war allerdings in kontaminiertem Gebiet. Die Familie verstand meine Bedenken und bot mir an, direkt an die Eingangstür aus Glas einen Tisch zu stellen, sodass ich nicht im Dunkeln sitzen musste und Blickkontakt zu meinen Pilgerfreundinnen hatte.

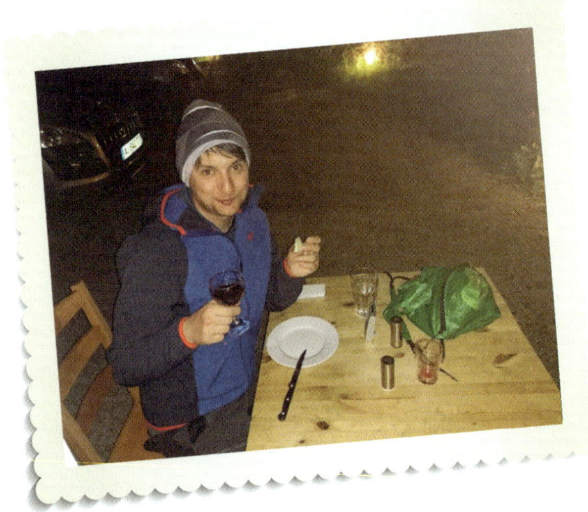

Da es hier abends auch nicht mehr so kühl war, konnte ich das Essen und den Wein sogar genießen. Mitleidige Blicke gab es trotzdem für mich. Leiden musste ich dieses Mal kein bisschen. Als jedoch die Katze des Hauses von innen an die Glasscheibe kam, um interessiert nach draußen zu blicken, fühlte ich mich dann doch etwas erniedrigt. Aber sowohl meine Pilgerfreundinnen als auch ich konnten von Herzen darüber lachen.

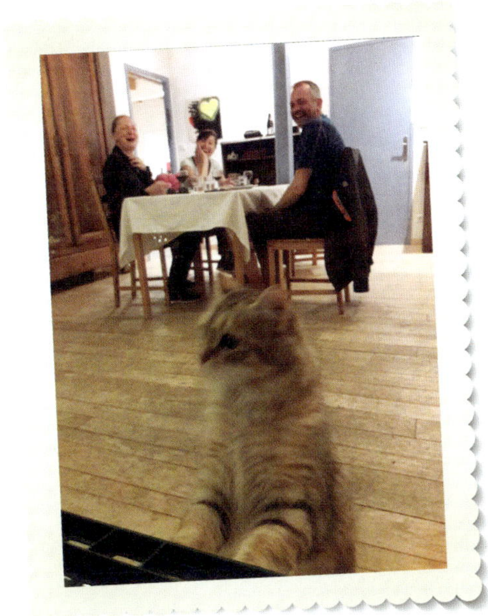

Mich wollten vielleicht keine Islamisten umbringen, aber die Katzen empfand ich als nicht minder gravierende Bedrohung.

Weg der Liebe

Freiheit, Gerechtigkeit und Meinungsvielfalt sind Werte, auf die sich die meisten Menschen trotz aller Unterschiedlichkeit verständigen können.

Inzwischen finden demokratische Diskurse in unserer Gesellschaft aber entlang anderer Argumentationslinien statt. Kritik wird weniger in der Sache geäußert, sondern es wird Kritik betrieben, um zu erklären, dass die andere Person böse ist. Am besten wird nur noch über die Person gesprochen statt mit ihr.

Auf dem Camino treffen sehr unterschiedliche Menschen aufeinander. Manager auf Arbeitslose, Junge auf Alte, religiöse Menschen auf Atheisten. Menschen aus 190 Nationen waren 2019 auf dem Jakobsweg unterwegs. Hier müssen Unterschiede in der persönlichen Begegnung ausgehalten werden, sei es auf dem Weg oder im Schlafsaal.

Dass ich ausgerechnet auf dem Jakobsweg Wertschätzung für Vielfalt erlebte, faszinierte mich immer wieder, zumal die politischen Diskussionen in meinem beruflichen Umfeld häufig durch Polarisierungen geprägt waren.

Meine Arbeit gab mir lange viel Kraft. Wie das Pilgern war sie mit großen Anstrengungen verbunden. Die sinnstiftenden Tätigkeiten waren mein Antrieb und weckten immer wieder meine Leidenschaft.

Bedauerlich war, dass wertvolles Engagement unseres Verbandes in Berlin und Brandenburg durch Zutun einiger Bundesvorstandsmitglieder in ein schlechtes Licht gerückt wurde. Diese destruktive Energie war mir unverständlich. Die persönlichen Angriffe gegen mich, die noch folgen sollten, konnte ich vernünftigerweise nur ignorieren. Wie bei einer Beziehung, die längst kaputt ist, an der aber einer der Partner noch festhält, musste ich lernen loszulassen.

Im Alltag verspürte ich große Sehnsucht nach der nächsten Pilgerreise. Nirgendwo anders nahm ich so viele Freiheiten einerseits und ein gutes gemeinschaftliches Miteinander andererseits wahr. Dabei lassen das die – künstlerisch durchaus schönen – Abbildungen von *Santiago Matamoros* (Jakobus der Maurentöter) zunächst nicht vermuten.

—

Seit dem späten neunten Jahrhundert entwickelte sich Jakobus zu einem Nationalheiligen. Militärische Siege wurden auf seine vermeintliche Unterstützung zurückgeführt. Im Spätmittelalter wurde er bildlich als galoppierender Reiter im Kampf gegen die muslimischen Mauren darstellt. Jakobus erhielt den Beinamen „Maurentöter", was die Kathedrale von Santiago aufgrund einer entsprechenden Darstellung heutzutage zu einem potenziellen islamistischen Angriffsziel macht.

—

Obwohl historische Abbildungen Jakobus als Maurentöter darstellen, entwickelte sich der Camino immer mehr zum Weg des Friedens, der Liebe und der Verständigung. Und das nicht nur in persönlicher Hinsicht, indem Menschen die individuelle Freiheit genießen, sondern auch durch die Begegnung und Wahrnehmung von Menschen aus verschiedenen Teilen der Welt und Menschen unterschiedlicher Sozialisation.

Und ich war nun mit einer prominenten Muslimin auf dem Jakobsweg unterwegs. Wie viel Offenheit würde uns begegnen? Wir waren die ersten Tage weitestgehend unter uns. Die mitlaufenden Personenschützer fielen nicht weiter auf.

Seyran war inzwischen viel fitter. Sie tänzelte gerade mal wieder einen Berg hinunter. Es erinnerte sehr an die aktive Geh-Methode, die Raffaele Hanneke und mir beigebracht hatte. Seyran brauchte dafür allerdings keinen Lehrer, und ihr rhythmischer Hüftschwung sah auch eleganter aus. Die Personenschützer, die ansonsten ihr Tempo für Seyran drosseln mussten, gingen nun in Jogging-Modus über. Ich kam wie eine Dampflok voran, nicht schnell, aber kontinuierlich im gleichen Tempo.

Wir bewegten uns seit über einer Woche in einem Land, dessen Einwohner ich auf spanischen Jakobswegen in der Regel als unsympathisch empfand. Mit den Worten meines Pilgerfreundes Agustin: „Es sind halt Franzosen."

Nun stießen zwei französische Unternehmensberater zu unserer Gruppe, zuerst der charmante Gregory, dann der kultige Jean. Die Frauen waren entzückt. Ich fand die beiden Männer okay, aber zunächst auch nicht mehr. Zu oft hatte ich in Spanien französische Pilger erlebt, die ausschließlich mit „Bonjour" zu grüßen wussten und jede fremdsprachige Kommunikation verweigerten. Aber die Franzosen hier auf dem Weg machten einen viel offeneren Eindruck. Vermittelt durch meine Pilgerfreundinnen kam ich ins Gespräch mit ihnen und baute meine Vorurteile ab.

Komplettiert wurde unsere Gruppe durch meine Berliner Freundin Anja und die Französin Lily, die nach einer Woche zu uns stießen. Während Anja sich permanent um ihre zwei Katzen zu Hause sorgte, mochte Lily Tiere weder auf ihrem Teller noch als lebende Exemplare. Die schreckhafte Französin war wirklich eine skurrile Person. Die humorvolle Anja hielt uns mit ihren ironischen Sprüchen auf Trab.

Das Pilgern nach Santiago war für mich inzwischen ein wunderschöner Selbstfindungstrip, der die Liebe zu mir selbst ermöglichte. Also viel mehr als ein bloßer Wanderurlaub. Insbesondere auch Christine tat der Weg sichtlich gut. Ich hatte sie als zurückhaltende Zuhörerin kennengelernt. Nun redete sie unentwegt, neuerdings am liebsten auf Französisch. Sie sehnte sich nach neuen Dingen, mit Mitte 50 strahlte sie eine jugendliche Frische aus. Manchmal war sie für ihre Schwester Maria und mich schon fast zu euphorisch. Aber wir freuten uns für sie.

Meine Sehnsucht nach einer vertrauensvollen Begegnung mit Gott war weiterhin allerhöchstens geheim. Seyran hingegen sprach offen heraus: „Ich muss Gott nicht suchen, ich habe Gott in mir.“ Und ich stellte mir unweigerlich die Frage: Wer oder was ist Gott? Ein höheres Wesen? Eine Idee? Ein Prinzip? Oder eine dreiste Lüge?

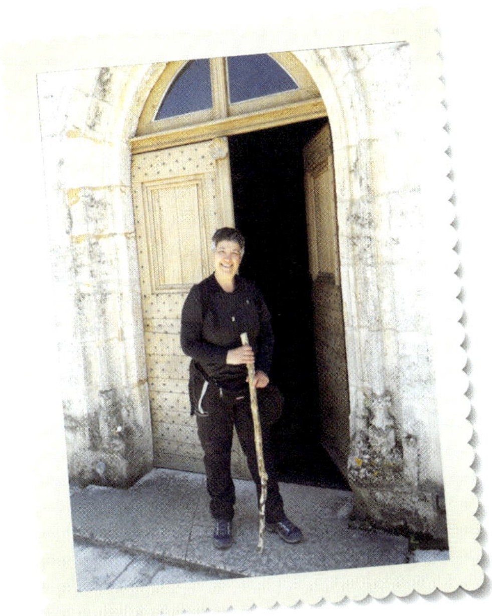

Seyran genoss das Pilgern als religiösen Akt sehr. Die Metapher vom Pilgern als „Beten mit den Füßen“ gefiel ihr besonders. Die Teilnahme an der Haddsch nach Mekka schied aus Sicherheitsgründen leider für sie aus. Sie fühlte sich aber hier auf dem Jakobsweg sehr willkommen und sichtlich wohl.

Seyrans Freundin hatte sich vorzeitig von uns verabschiedet. Der offizielle Grund war ihre Beinverletzung. Sie wünschte uns weiterhin eine schöne Wandertour. Seyran störte sich an der Wortwahl. „Wir pilgern, wir wandern nicht.“ Ich war überrascht, dass ein Pilgerneuling wie Seyran so entschieden darauf reagierte. Es gefiel mir. Wieder kam die Frage auf, was Pilgern vom Wandern unterscheidet. Gefühlsmäßig hatte ich eine Unterscheidung für mich gefunden. Christine brachte einen schönen Vergleich: Es sei wie mit dem Besuch eines Museums und dem einer Kirche. Wenn du in ein Museum gehst, betrittst du ein ehrwürdiges Gebäude, bist umgeben von ansprechenden Kunstgegenständen und erfährst viel über Geschichte. Beim Eintreten in eine Kirche erwartet dich das Gleiche, dennoch spürst du auch etwas anderes. Was den Unterschied ausmacht, ist das Gefühl von Geborgenheit, von Spiritualität.

„Der Weg ist das Ziel“ ist ein populäres Zitat auf dem Jakobsweg. Es stammt mutmaßlich von dem chinesischen Philosophen Konfuzius. Er mag damit ein im Diesseits erfülltes Leben gemeint haben. Passend dazu zitierte Seyran immer wieder ein bekanntes türkisches Lied *(Uzun İnce Bir Yoldayım)*, dessen erste Zeilen sehnsuchtsvoll lauten: „Ich bin auf einem langen, schmalen Weg. Ich gehe Tag und Nacht.“

Wir hätten noch ewig dem langen Weg nach Santiago folgen können. Aber nach zwei Wochen und 330 Kilometern Fußmarsch endete unsere gemeinsame Pilgerreise im französischen Département Lot. Bereits am Flughafen gab Seyran am Telefon ein Interview. Aber im Herzen war sie weiterhin auf dem Jakobsweg. Ihr tat das Pilgern sichtlich gut. Noch bevor das Flugzeug abhob, dachte sie laut über eine Fortsetzung nach.

Die Zukunft des Weges

Habe ich schon erzählt, dass ich 1982 geboren wurde? Das war ein Heiliges Compostelanisches Jahr. Das weiß ich zwar erst, seitdem ich an diesem Buch schreibe. Aber irgendwas muss es ja bedeuten.

Im letzten Heiligen Jahr, 2010, wurde ich Geschäftsführer und kam mit meinem Ex-Freund zusammen. Und im nächsten Heiligen Jahr? Was da wohl kommen mag? Wird es mein Leben verändern? Ich weiß es nicht. Ich fand auf dem Camino nie das, was ich suchte, aber immer das, was ich brauchte. Vielleicht ist es ja zukünftig jemand, der auf dem Weg und im wahren Leben mit mir Schritt halten kann. Und ich mit ihm.

—

Auch wenn mir mein eigener Weg noch unbekannt ist, die Zukunft des Jakobsweges ist zumindest in Teilen vorhersehbar. Die Zukunft des Weges ist weiblich. Nicht nur der Portugiesische Weg ist ein Frauenweg. Alle Wege werden mehr und mehr von Frauen entdeckt. Sowohl im Mittelalter als auch zu Beginn des 21.

Jahrhunderts wurde der Jakobsweg noch mehrheitlich von Männern gelaufen. Sie waren diejenigen, deren Handeln im Mittelpunkt stand. Und die Frauen? Im Jahr 2018 waren erstmals mehr Frauen als Männer unterwegs. Dies mag mit dem Bedeutungswandel des Weges zu tun haben, gewiss auch mit dem wachsenden Selbstbewusstsein von Frauen, die sich nehmen, was ihnen zusteht. Und sei es eine Auszeit. Der Trend setzte sich im Jahr 2019 fort und wird voraussichtlich noch lange anhalten.

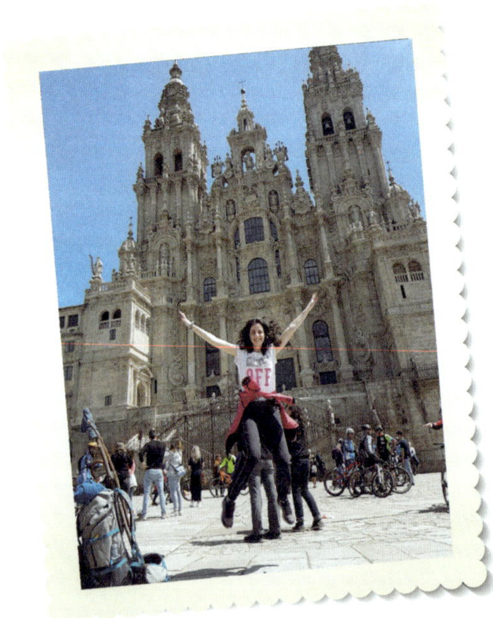

Der Camino unterliegt einem ständigen Wandel. Kirche, Staat, Herbergen und Gastronomie stellen sich flexibel auf die Veränderungen ein, die durch steigende Pilgerzahlen, geringere Bindung an kirchliche Überlieferungen und Bräuche, technischen Fortschritt und Extrawünsche der Neupilger entstehen. Für viele erfahrene Pilger eine Herausforderung, sie sehnen die „guten alten Pilgerzeiten“ herbei, ohne Smartphone

und Gepäcktransport. Aber es gibt kein richtiges und kein falsches Pilgern. Jede Generation prägt den Charakter des Jakobsweges aufs Neue. Und jeder Pilger erlebt seine ganz persönliche Pilgerreise.
Im Jahr 2019 kamen 347.578 Pilgerinnen und Pilger aus 190 Nationen in Santiago an. Im Jahr zuvor waren es 327.378 Menschen. Und in dem davor „nur" 301.036. Der Wachstumstrend setzte sich zu Beginn des Jahres 2020 weiter fort. Dann wurde es infolge der Corona-Pandemie abrupt sehr still auf dem Jakobsweg. Doch solche Unterbrechungen gab es immer wieder in der Pilgergeschichte, das lebendige Treiben kehrte stets zurück.
Klassiker unter den Routen wird auch zukünftig der *Camino Francés* ab den Pyrenäen bleiben. Der Irrsinn ab Sarria wird auch weiterhin dazugehören. Doch im Aufwind stehen insbesondere der nördliche Küstenweg, der weitgehend parallel zur spanischen Atlantikküste verläuft, und vor allem der Portugiesische Weg ab Porto mit seinen verschiedenen Varianten. Die *Vía de la Plata* möge sich noch lange ihren ruhigen Charakter bewahren.

—

Die Statistiken des Pilgerbüros von Santiago de Compostela belegen eindrücklich, dass Pilgern im Trend liegt. Aber die Zahlen geben nur einen Ausschnitt der Realität wieder. Zum einen registrieren sich nicht alle Pilger nach ihrer Ankunft. Zum anderen sagt die Statistik der Registrierten nichts über die Anzahl von Pilgerinnen und Pilgern aus, die nicht in Santiago ankommen, weil sie „nur" in Deutschland oder Frankreich laufen oder auf einem entfernten Abschnitt des Weges in Spanien.

Manchmal bin ich in Santiago angekommen, manchmal führte mich meine Pilgerreise weiter bis ans Ende der Welt und manchmal endete mein Weg ganz woanders. Es gibt die ruhigen Wegabschnitte und Monate, aber auch die Orte und Zeiten voller Trubel. Es gibt die Genusspilger, die Sportler, die Individualisten, die Turigrinos und viele mehr. Alle gehören dazu.

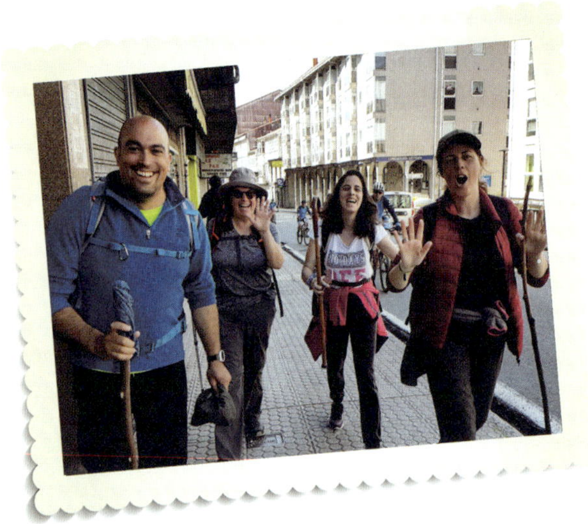

Viele beklagen die Kommerzialisierung des Weges: Doch die Geschichte lehrt, je mehr sich die Dinge ändern, desto mehr bleibt alles wie es ist. Kommerz hat schon immer dazu gehört. Sowohl Heiliges als auch Profanes waren von Beginn an Bestandteil des Weges.

Pilgern verändert Menschen äußerlich. Und innerlich hilft der Weg, man selbst zu sein. Ich lernte, dass man sich nicht entwickelt, wenn man sich hinter einer Maske versteckt.

Wer aufbricht, nimmt Kontakt zu seiner Sehnsucht auf. Es gibt eine Ebene des Seins, die im Alltag häufig nur vage einen Raum hat. Je komplexer der

Alltag und das eigene Leben, umso größer ist das Bedürfnis nach Einfachheit und Klarheit, die man auf dem Camino findet.

Stell dir vor, du hättest nur noch sechs Monate zu leben. Ich weiß, kein schöner Gedanke. Zugleich fällt den meisten von uns ein, was sie in so einem Moment tun würden, was sie sich schon immer vorgenommen haben. Warum warten? Warum nicht dem Herzen folgen und dem Beachtung schenken, was uns wirklich berührt? Warum sich ins Gefängnis der eigenen Entscheidungen einsperren? Wir haben keinen Einfluss darauf, wo wir herkommen, aber wir können entscheiden, wo wir hingehen.

Auch der längste Weg beginnt mit dem ersten Schritt. Dieser ist immer am schwierigsten. Neben dem äußeren Aufbruch steht der innere Aufbruch. Wer aufbricht, wagt etwas. Auch ich werde aufbrechen, in die Fremde gehen. Denn meine gewohnte Rolle passt nicht mehr. Aber klar ist: Jeder Abschied, und der gehört zum Aufbrechen dazu, tut weh.

Ich werde immer wieder aufbrechen, den Menschen mein Herz öffnen und Dingen folgen, die mich begeistern.

Wenn auch du aufbrechen möchtest, aber niemand in die gleiche Richtung will, geh trotzdem! Der Weg wird dir Menschen schenken, die dich begleiten.

DANKSAGUNG

Bei der Verlagsgruppe Patmos wurde mir die Chance geboten, mein erstes Buch zu veröffentlichen. Als Lektor unterstützte mich Dr. Ulrich Sander.

Zahlreiche Menschen haben dieses Buch durch ihre Geschichten, Fotos, Ratschläge sowie ihren Zuspruch ermöglicht. Hierfür bin ich allen sehr dankbar, vor allem Christine Empl und Seyran Ateş.

Ein besonderer Dank gilt meinen Eltern Sigrun und Peter Steinert, die mein ausgeprägtes Bedürfnis nach Individualität und Freiheit schon als Kind respektiert haben. Ihr Widerspruch war manchmal notwendig. Ihrer Unterstützung konnte ich mir immer gewiss sein.

ZU DEN FOTOGRAFIEN

Die Fotografien dieses Bandes stammen von:

Leticia Acevedo Martín: *62*
Martin Dexheimer: *132*
Maria Empl: *216*
Elisa Hagemann: *141*
Rodolfo Javier Martínez Parga: *103, 105*
Frank Mrosk: *145, 146*
Jasmin Opitz: *55*
Inge Ruhnau: *160*
Nils Witznick: *64,66*

Alle anderen Fotografien: Jörg Steinert

Herzlichen Dank für die freundliche
Abdruckerlaubnis!

ZUM AUTOR

Jörg Steinert, geboren 1982 in Zwickau, ist Diplom-Politologe und Geschäftsführer des Lesben- und Schwulenverbandes Berlin-Brandenburg.
Der leidenschaftliche Pilger bloggt über seine Jakobswegserfahrungen auf der Internetseite: www.pilgerwahnsinn.de und ist auf Facebook und Instagram unterwegs.
Im Oktober 2019 hat Jörg Steinert die Initiative zur Ausschilderung des Jakobsweges durch Berlin gestartet. Bereits 2019 beschloss die Bezirksverordnetenversammlung von Tempelhof-Schöneberg die Ausschilderung einstimmig. Zuspruch und Unterstützung aus weiteren Berliner Bezirken folgten.

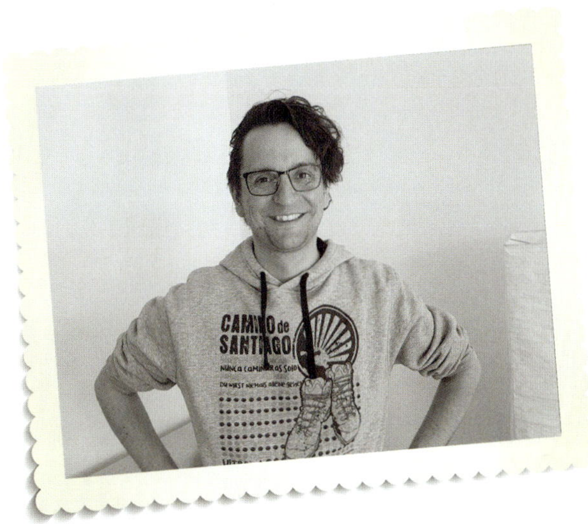

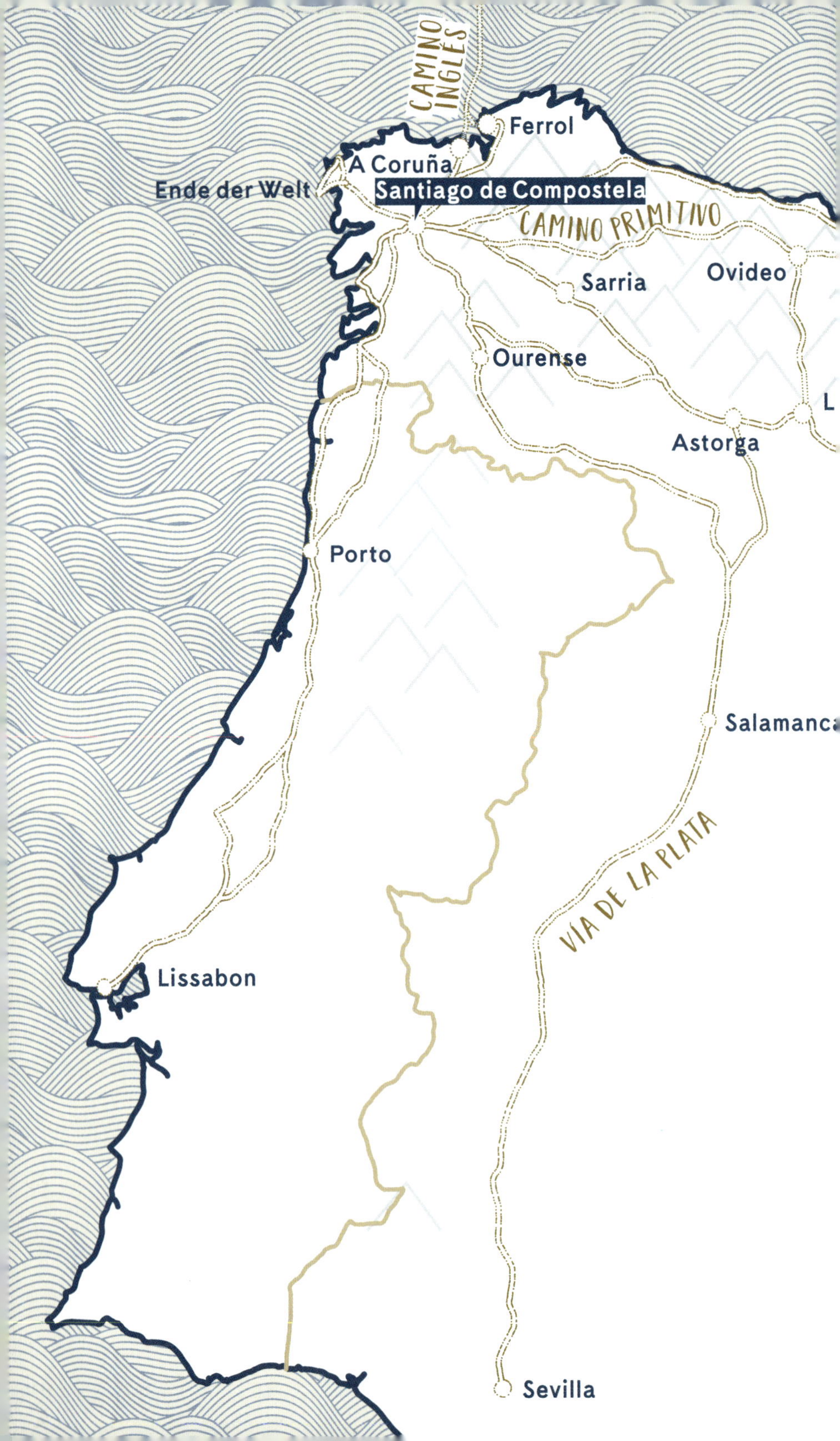
CAMINO INGLÉS
Ferrol
A Coruña
Ende der Welt
Santiago de Compostela
CAMINO PRIMITIVO
Sarria
Ovideo
Ourense
Astorga
Porto
Salamanca
VÍA DE LA PLATA
Lissabon
Sevilla